Matthias Pöhm

Das NonPlusUltra der Schlagfertigkeit

Matthias Pöhm

Das NonPlusUltra der Schlagfertigkeit

Die besten Techniken aller Zeiten

mvg Verlag

Die Deutsche Bibliothek – CIP-Einheitsaufnahme

Pöhm, Matthias:
Das NonPlusUltra der Schlagfertigkeit : die besten Techniken aller Zeiten / Matthias Pöhm. – Landsberg ; München : mvgVerl., 2002
ISBN 3-478-73040-6

Umschlaggestaltung: Vierthaler & Braun, München
Satz: kaltnermedia GmbH, Bobingen
Druck: Himmer, Augsburg
Bindearbeiten: Thomas, Augsburg
Printed in Germany 73040/100202
ISBN 3-478-73040-6

Inhaltsverzeichnis

Ein Interview 9

I. Schlagfertigkeit: Was ist das? 13

Der Aufstieg der Schlagfertigkeit 13
Schlagfertigkeit: Was ist das? 16
Schlagfertigkeit ist Frechheit 18
Schlagfertigkeit ist Selbstbewusstsein 19
Schlagfertigkeit ist Souveränität 20
Schlagfertigkeit ist Identität 22
Zwei Irrtümer über die Techniken der
Schlagfertigkeit 25
Erster Irrtum:
Eine Technik passt in 100 Prozent der Fälle 25
Zweiter Irrtum:
Es gibt die Schachmatt-Technik 26
Schlagfertigkeit ist lernbar 29
Schlagfertigkeit lernen 29
Triggersätze und Standards 30
Wenn Sie wirklich schlagfertiger werden wollen .. 31

II. Basis-Techniken der Schlagfertigkeit 35

Übertreiben durch deftigen Vergleich (1) 35
Den King Louis spielen (2) 40
Angriffe durch die Blume (3) 43
Angreifen mit der Unterstellungsfrage (4) 48
Unterstellungsfragen als Feststellungsfragen 50
Das Offensichtliche ins Gegenteil verkehren (5) 51
Feststellungsfragen: Die Kombination von
Aussage und Frage (6) 55

Franz-Felix-Feststellungsfrage 57
Feststellungsfrage: Beobachten und kommentieren 60
Feststellungsfrage: Zurückweisen mit Unterstellungsfrage 61
Feststellungsfrage: Meine Interpretation plus Frage 63
Feststellungsfrage als Methode zur Überzeugung 65

III. Die sechs Spitzentechniken der Schlagfertigkeit 69

Voll zustimmen (7) 70
Voll zustimmen als Feststellungsfrage 76
Rückfragen (8) 78
Die Lösung nachfragen: „Wie müsste es aussehen?" 82
Vom Vorwurf ablenken: „Wie machen Sie's denn?" 87
Das verzerrte Gegenteil: „Wäre Ihnen ... lieber?" 91
Nonsens: „Wäre Ihnen ... lieber?" 94
Definition: „Was verstehen Sie unter ...?" 96
Rückfrage mit höherem Ziel: „Spielt das hier eine Rolle?" 98
Die Rückfragen als Feststellungsfragen 100
Kategorisches Zurückweisen oder: Gegenteil behaupten (9) 102
Kategorisches Zurückweisen als Feststellungsfrage 109
Der versteckte Gegenangriff (10) 111
Der versteckte Gegenangriff als Feststellungsfrage 120
Frotzeln lernen 121
Maßlos übertreiben (11) 126

Machen Sie einen Beruf daraus 131
Schlimmerer Vergleich 134
Sie verwechseln das 136
Maßlos übertreiben als Feststellungsfrage 138
Kontern mit Bildern (12) 139
Fragen sind besser 148
Das Frage-Antwort-Spiel 149
Machen Sie den Abschlusssatz „Genauso ist es mit …“ 150
Zur Wirksamkeit von bildhaften Vergleichen 151
Bildhafte Vergleiche als universelle Erwiderungen 154
Gegenmittel gegen bildhafte Vergleiche 162

IV. Die kreativsten Techniken der Schlagfertigkeit 165

Umformulieren als Gentleman (13) 166
Umformulieren als Gentleman als Feststellungsfrage 168
Verwirrende Sprichwörter als Antwort (14) 169
Einsteigen auf das Veräppelungs-Szenario (15) 173
Bewusst die falsche Lösung suchen (16) 178
Unadressierte Vorwürfe ummünzen (17) 183
Uminterpretieren: Der Nutzen aus dem Vorwurf (18) 186
Der absurde Vorteil (19) 193
Das absichtliche Missverstehen (20) 197
Absichtliches Missverstehen als Feststellungsfrage 202

V. Schlagfertigkeit und Ihr Gefühl: Methoden, die gegen außen und innen wirken ... 203

Ihre Gefühlslage entscheidet ... 204
Der wunde Punkt. Treffer in der Seele ... 208
Der wunde Punkt als Feststellungsfrage ... 210
Auf den immer selben Topf gehört immer derselbe Deckel ... 211
Negativ-Aussagen in Positiv-Fragen ändern (21) ... 213
Die Negativ-Aussagen in uns selbst ... 217
Die Lösung in der Zukunft (22) ... 220
Die Lösung in der Zukunft und Ihr Gefühl ... 223
Antwort mit höherem Ziel (23) ... 227
Höheres Ziel und innere Schlagfertigkeit ... 230

VI. Schlagfertigkeit – Überblick und Ausblick ... 233

Die acht Bausteine der Schlagfertigkeit ... 234
Der Baustein Nr. 1: Indirekt ausdrücken ... 234
Der Baustein Nr. 2: Lösung ... 238
Der Baustein Nr. 3: Übertreiben ... 240
Der Baustein Nr. 4: Ins Gegenteil verkehren ... 243
Der Baustein Nr. 5: Uminterpretieren ... 244
Der Baustein Nr. 6: Nonsens ... 245
Der Baustein Nr. 7: Schlecht aussehen lassen ... 247
Der Baustein Nr. 8: Vorteil/Nutzen ... 249
Der Glaube an die Regel ... 251
Wie's weitergehen soll ... 254

Schlussbemerkung ... 255

Anmerkungen ... 256

Literaturverzeichnis ... 257

Stichwortverzeichnis ... 259

Ein Interview

Interviewer: Hallo, Herr Burkelberg.

Gast: Hallo, Frau Plaschke.

I: Mir haben so viele junge Mädchen geschrieben, ich soll Sie mal anrufen, Herr Bockelberg. [Den Doofen spielen – absichtliche Namensverwechslung] Aber ich weiß gar nicht, wer Sie sind. Was machen Sie denn? [Frotzeln]

G: Ja, Fräulein Plaschke, das ist schnell erklärt ...

I: *unterbricht* Frau! Frau! Für Sie nicht Fräulein, Frau! [Gespielt – übertriebene Entrüstung]

G: Ha, ha. Das tut mir leid.

I: Da brauchen Sie nicht zu lachen. [Universalkonter bei Lachen]

G: Frau Plaschke. Also, folgendermaßen: Ich moderiere auf einem Jugendsender, der heißt Viva TV ...

I: Ist das nicht eine Fußballorganisation, die FIFA? [den Doofen spielen – absichtliches Verwechseln]

G: FIFA, das ist mit F. Mit F wie ähm ... Oh, ähm, Geschlechtsverkehr [den Doofen spielen – bewusst die falsche Lösung gesucht]

I: Pfui Teufel! [Gespielt – übertriebene Entrüstung]

G: Hä, hä ...

I: Sind Sie nicht der mit den hässlichen blonden langen Haaren? [Frotzeln]

G: Nee, nee. Das war ich mal, jetzt bin ich der mit hässlichen kurzen grünen Haaren! [Einsteigen auf das Veräppelungs-Szenario]

I: Ah, Sie haben sie jetzt endlich abgeschnitten. Wie lange sind sie jetzt? [Frotzeln als Feststellungsfrage]

G: Schulterlang eher.

I: Schulterlang! Mein Gott. Das ist doch eine Brutstätte für allerlei Ungeziefer. Für Würmer, Maden, Läuse ... [Reportertrick: aus jeder Aussage das Negative herausinterpretieren]

G: Ja, aber das sind meine einzigen Freunde. [Übertriebene Zustimmung]

I: Mein Gott, Herr Brodelberg. [Den Doofen spielen – absichtliche Namensverwechslung]

...

Sie tragen ja auch immer diese extravaganten Klamotten – also potthässliche, will ich eigentlich sagen ... [Frotzeln]

G: *Herzhaftes Lachen.*

I: Das Schöne ist, die lenken immer ein bisschen von Ihrem Gesicht ab, das gefällt mir. Kaufen Sie die richtig im Schlussverkauf für 3.95,– oder wühlen Sie da schon auch in Säcken, wenn Altkleidersammlung ist? [Frotzeln]

G: Im Schlussverkauf oder in Altkleidersäcken wühlen tu ich ja nicht. Einfach aus der Angst heraus, dass ich Sie da treffen könnte. [versteckter Gegenangriff]

...

I: Sie haben auch so 'ne Band. Sie sind Rock'n'Roll Star, haben Sie gesagt. Wie heißt denn Ihre Band?

G: Fritten und Bier.

I: Warum haben Sie sie denn nicht Heideröschen genannt? Das ist doch ein Name, der zieht. [Nonsense als Antwort – bewusst die falsche Lösung gesucht]

G: Ich will ja keine Volksmusik machen. Ich mache revolutionäre Grunge-Musik.

I: Was Krampf-Musik? [absichtlich Missverstehen; akustisch – bzw. den Doofen spielen]

...

I: Tschüss, Herr Brodelberg. [absichtlich den Namen falsch aussprechen]

Bei Radio Bremen lief früher ein regelmäßiges Spaßinterview, in dem sich ein Moderator, alias Hermine Plaschke, immer mit einem Prominenten unterhielt. Ziel und Zweck dieser Interviews war es, dass Frau Plaschke den Interviewpartner möglichst oft und deftig Feuer gibt, der aber auch gut zurückkontert. Diese Interviews sind ein hervorragendes Beispiel für schlagfertiges Reagieren. In der Analyse erkennt man viele Techniken, die auch in diesem Buch wieder auftauchen. Hinter den einzelnen Erwiderungen schrieb ich deshalb in Klammern jeweils einen Kommentar, was die Technik anbelangt.

Der Dialog ist ein Auszug aus einem Interview mit dem Viva-Moderator Nils Burkelberg. Das Interview lebt nicht nur von den einzelnen Antworten, sondern vielmehr auch von der Grundhaltung des Gastes, die hier im Text natürlich nicht wiedergegeben werden konnte. Er war in einer freundlichen, lustigen, aufgekratzten Stimmung. Locker und unverkrampft. Er hat sehr viel gelacht – auch über die deftigen Angriffe des Moderators. Das ist eigentlich wichtiger als die einzelnen Worte. Das bleibt dem Zuhörer als Botschaft mehr haften als die einzelne Antworten und das ist auch eine Regel für Sie: Nicht die Worte, sondern die Grundhaltung ist das, was die Wirkung der Schlagfertigkeit ausmacht.

In diesem Buch möchte ich Ihnen zeigen, wie auch Sie sich in jeder Situation souverän, witzig und schlagfertig verhalten können – sei es bei Diskussionen im Beruf, bei Interviews oder Reden in der Öffentlichkeit, oder auch beim Flirten und Plaudern im Alltag. Denn neben der richtigen Grundhaltung ist eben auch die richtige Technik für Ihren Erfolg ausschlaggebend – und die habe ich hier praktisch und systematisch für Sie zusammengetragen. Ich wünsche Ihnen also viel Spaß beim Lesen und Üben – und viel Erfolg mit Ihrer neu erlernten Schlagfertigkeit!

I. Schlagfertigkeit: Was ist das?

Der Aufstieg der Schlagfertigkeit

Als ich 1995/96 begann, mich mit Schlagfertigkeit zu beschäftigen, da war das eine Nische, in der sich gerade mal zwei Autoren tummelten. Es gab wohl noch ein vergriffenes Buch aus den 70er Jahren von Maximilian Weller *Die schlagfertige Antwort*. Dieses Buch war aber nur eine anekdotenhafte Zitatensammlung berühmter Persönlichkeiten. Auf langen 270 Seiten werden dort treffende Bemerkungen von Bismarck über den Papst bis zu Herbert Wehner zitiert. Aber es wird kein einziges Prinzip erklärt, keine einzige Technik mitgegeben. Die entscheidende Frage: „Wie hätte ich selbst auf so eine Erwiderung kommen können?" bleibt unbeantwortet. Das ist auch ein Grundproblem vieler heutiger Autoren: Sie gehen nicht *analytisch* an das Phänomen der Schlagfertigkeit heran. Das reine Konsumieren schlagfertiger Beispiele ist ungeeignet, wenn es darum geht, die eigene Schlagfertigkeit zu steigern. Das ist etwa dasselbe, wie dauernd 1a-Gourmet-Gerichte von einem Meisterkoch zum Essen serviert zu bekommen und danach davon auszugehen, dass man jetzt genauso kochen könnte wie der Meisterkoch selbst. Was fehlt, ist das Rezept – und so ist es auch mit vielen Büchern zur Schlagfertigkeit.

Dann kam 1995 das erste Buch der Brüder Christoph und Matthias Dahms heraus, das das Wort Schlagfertigkeit auf den Titel hob: *Die Magie der Schlagfertigkeit*. Ein Jahr später folgte Karsten Bredemeier mit seinem Buch *Provokative Rhetorik. Schlagfertigkeit*. Mein erstes Buch zu diesem Thema *Nicht auf den Mund gefallen – so wer-*

den Sie schlagfertig und erfolgreicher veröffentlichte ich 1998. 1999 kamen zwei weitere Publikationen von mir hinzu: *Frauen kontern besser* und das Kassettenseminar *Endlich schlagfertig.*

Wenn ich heute im Internet-Buchversand www.amazon.de nachschaue, bekomme ich unter der Stichwortsuche ‚Schlagfertigkeit' bereits 24 Titel zum Thema aufgelistet. Einige Titel aus früherer Zeit sind inzwischen gar nicht mehr zu beziehen; in meiner Bibliothek finden sich inzwischen mehr als 30 Titel . Das Thema hat also enorme Zuwachsraten. Ich wage die Prognose, dass Schlagfertigkeit in geraumer Zukunft ein genauso gängiges Seminar- und Buchthema wird wie heute NLP, Mentaltraining oder Fitness.

Die meisten Autoren schreiben Schlagfertigkeitsbücher, in denen es nur zu einem kleinen Prozentsatz wirklich um Schlagfertigkeit geht. Der Rest wird mit altbekannten Rhetorik-Weisheiten und allgemeinen Kommunikationstheorien gefüllt. Den Vogel abgeschossen hat ein Buch mit dem verheißungsvollen Titel: *Schlagfertig reagieren im Job.* Bei 244 Seiten Umfang geht es – wohlwollend interpretiert – gerade mal auf 21 Seiten wirklich um Schlagfertigkeit. Eine lobenswerte Ausnahme in dem Reigen der Schlagfertigkeitsbücher bildet ein postkartengroßes Booklet von Matthias Nöllke mit dem schlichten Titel *Schlagfertigkeit.* Dort wird auf 126 Seiten wirklich ausschließlich über Schlagfertigkeit geredet.

Die meisten Autoren in diesem Metier schreiben leider wechselseitig voneinander ab – am häufigsten aus meinen Büchern. Es gibt sogar Bücher, die zu 100 Prozent ausschließlich eine Umformulierung meiner Publikationen sind. Am Anfang wollte ich noch dagegen vorgehen. Inzwischen finde ich das sogar gut. Wissen Sie warum? Jede weitere Kopie der Ergebnisse meiner Arbeit zur Schlagfertigkeit verbreitet diese weiter und fördert so eben meine Erkenntnisse. Außerdem ist meine Energie besser dafür eingesetzt, weiter nach vorn zu arbeiten, anstatt die Nachahmer zu bekämpfen.

Schlagfertigkeit gibt's nur auf Deutsch

Wir deutschen Sprachnationen sind fast die Einzigen, die in ihrer Sprache ein präzises, treffendes Wort für das Phänomen ‚Schlagfertigkeit' haben. Weder im Englischen noch im Französischen noch im Italienischen gibt es wirklich ein analoges präzises Wort, das dasselbe Bedeutungsfeld wie das deutsche Wort Schlagfertigkeit umfasst.

Da sich jetzt im deutschsprachigen Raum eine richtige „Bewegung" zu entwickeln beginnt und wir als Einzige ein präzises Wort für dieses Phänomen haben, sehe ich noch eine weitere Entwicklung voraus: Wir werden wohl auch die Vorreiter in Sachen Know-how zu diesem Thema werden. Irgendwann werden dann auch andere Sprachnationen das Thema wohl oder übel sowohl als Buch als auch als Seminarthema von uns übernehmen. (Mein Buch *Nicht auf den Mund gefallen* ist sogar schon auf Japanisch erschienen!)

Schlagfertigkeit: Was ist das?

Schlagfertigkeit ist ein Gesamtphänomen. Wenn Sie sich mal dabei beobachten, in welch unterschiedlichen Situationen Sie den Kommentar abgeben: „Das war aber schlagfertig!“, so werden Sie erkennen, dass es ganz unterschiedliche Arten der Schlagfertigkeit gibt. Ich habe drei große Bereiche ausgemacht: Erwiderungsfertigkeit, Witzfertigkeit und Diskussionsfertigkeit.

Erwiderungsfertigkeit

Den Begriff Schlagfertigkeit haben wir dafür parat, wenn jemand beleidigt wird, dieser Jemand aber eine geistreiche Erwiderung gibt, die den Angreifer selbst wieder in schlechtem Licht erscheinen lässt.

> Kirchweihfest in Wendelstein bei Nürnberg. Eine ehemalige Teilnehmerin, ihre Freundin Ramona und ihre beiden Männer sind unterwegs. Zwei angetrunkene, fürchterlich aussehende Männer versuchen mit den beiden Frauen anzubandeln. Ihr Mann später zu ihr: „Woher kommt das nur, dass immer die hässlichsten Männer auf euch stehen?" Darauf meine Teilnehmerin: „Wenn wir uns mit so Typen wie euch rumtreiben, machen die sich wahrscheinlich Hoffnungen!"

Bei der Erwiderungsfertigkeit erfolgt auf einen Verbalangriff ein versteckter Gegenangriff.

Witzfertigkeit

Wir bezeichnen es als schlagfertig, wenn ein Mensch in der Lage ist, in egal welcher Situation spontan eine witzige Bemerkung zu machen. Thomas Gottschalk, Harald Schmidt oder Helge Schneider sind fast ausschließlich Repräsentanten dieser Art der Schlagfertigkeit.

Jemand hat Kaffee auf die Hose des Kollegen verschüttet. Der Kollege: „Mensch, pass doch auf!" Der Erste: „Hab ich doch – ich hab dich getroffen!"

Bei der Witzfertigkeit machen wir witzige Bemerkungen zu Aussagen oder in Situationen.

Diskussionsfertigkeit

Wenn es einem Menschen gelingt, sich in einer Verhandlung, einem Meeting oder einer Diskussion souverän zu verkaufen, dann empfinden wir diesen Menschen ebenfalls als schlagfertig. Dies ist eine subtilere, strategischere Art der Schlagfertigkeit. Vor allem im Geschäftsleben, bei Politikern und Wirtschaftsführern ist diese Art der Schlagfertigkeit wichtig.

Während der Ausführungen eines Redners in einem Meeting fällt plötzlich ein Zwischenruf: „Da fehlt doch völlig der Bezug zur Praxis!" Der Redner kontert trocken: „Sie täuschen sich, Herr Kollege, das ist absolute Praxis. Ich frage mich, warum Sie den Bezug zur Praxis nicht herstellen können?"

Das ist nicht zum Schmunzeln, aber das sitzt!

Bei der Diskussionsfertigkeit geben wir souveräne, glasklare Antworten, stellen strategisch kluge Fragen, bauen dem Gegenüber sprachliche Brücken, halten die Zügel des Gesprächs aktiv in der Hand und sind einem Ziel verpflichtet.

Schlagfertigkeit ist Frechheit

Während meines Seminars meldete sich plötzlich ein Teilnehmer zu Wort: „Herr Pöhm, die Antwort ist aber nicht höflich.“ Ich erwiderte: „Ich bin Schlagfertigkeitstrainer und kein Höflichkeitstrainer.“

Zur Schlagfertigkeit gehört eine Portion Frechheit. Wer allen gefallen möchte, der wird nicht schlagfertig werden: Es ist eine Illusion zu glauben, dass man schlagfertig werden könnte, und alle Beteiligten fallen sich danach in Glückseligkeit in die Arme – das gibt es nicht.

Wozu ich Sie bringen möchte, ist, dass Sie mit dem Wort „frech“ erst einmal nichts Negatives mehr verbinden. Frech ist gut, frech ist toll, Frechheit bringt's. Egal, was Ihnen Ihre Mutter versucht hat beizubringen.

Es ist unmöglich, dass Sie mit allem, was Sie tun, jedem gefallen werden. Und bei der Schlagfertigkeit schon gar nicht.

In meinem Seminar gebe ich bisweilen einen Tipp, wie man im Durchschnitt 20 Prozent seiner Ausgaben sparen kann: „Sagen Sie einfach immer bei jeder Preisangabe, die Sie hören: ‚Das ist aber teuer – ich habe mit der Hälfte gerechnet.‘ Und dann warten Sie, was passiert.“ Ein Teilnehmer meldete sich und sagte daraufhin: „Das find' ich keine gute Strategie. Wir vom Mittelstand hören das immer wieder. Das macht den Mittelstand kaputt.“ Meine Antwort lautete: „Der Kurs heißt: ‚Schlagfertig und erfolgreicher‘, und nicht ‚Rettet den Mittelstand‘.“ Wenn Sie versuchen wollen, allen zu gefallen, können Sie dieses Buch getrost wieder aus der Hand legen.

Mein Tipp
Sie müssen nicht die Welt schützen – Sie müssen erst einmal sich selbst schützen.

Schlagfertigkeit ist Selbstbewusstsein

Das Entscheidende bei der Schlagfertigkeit ist, dass der Schlagfertige Dinge zu sagen wagt, von denen er niemals sicher weiß, ob sie auch ankommen. Er riskiert die Peinlichkeit, dass seine Antworten danebengehen, er riskiert, dass das Gegenüber ihm mit schärferer Klinge zurückgibt, er riskiert, dass der andere seine Methode kennt und offenlegt. Die Schlagfertigkeit, mit der jeder immer zufrieden ist, wie es einige Trainer propagieren, die gibt es nicht. Aber der Schlagfertige tut es trotzdem. Das ist Selbstbewusstsein. Man trainiert einen Muskel im Hirn – der Muskel ist: offensiv durchs Leben zu gehen, Dinge zu wagen ohne Garantie, dass sie gut gehen, den Mut zu haben, aufzufallen oder sich auch einmal zu blamieren. Die meisten Menschen, die nicht schlagfertig reagieren, tun dies aus Angst vor der Reaktion des anderen. Es liegt in erster Linie nicht an der fehlenden Technik. Die Leute haben Schlagfertigkeits-Verhinderungsprogramme verinnerlicht, wie „Was denkt jetzt wohl der andere von mir" oder „Das kann man aber doch nicht sagen" oder „Der hält mich sicher für frech"... usw.

> **Mein Tipp**
> Es gibt keine *richtige* Antwort – es gibt nur *keine* Antwort oder *eine* Antwort. Antworten Sie, auch wenn's mal danebengeht.

Diese Menschen zensieren sich selbst und verbieten sich, schlagfertig zu reagieren. Dadurch kommen sie aus der Übung – und alles, was nicht benutzt wird, bildet sich zurück. Der Schlagfertigkeits-Muskel erschlafft. Die Schlagfertigkeit können Sie sich als ein Rad im Getriebe des Selbstbewusstseins vorstellen. Es ist egal, an welchem Rad Sie drehen. Alle Räder greifen ineinander und wenn sich ein Einzelnes bewegt, bewegen sich die anderen immer mit. Auch wenn Sie sich selbstständig machen oder wenn Sie öffentlich reden oder Fallschirm springen, so stärkt das Ihr Selbstbewusstsein und damit indirekt auch Ihre Schlagfertigkeit.

Schlagfertigkeit ist Souveränität

Schlagfertigkeit hat in erster Linie mit einer Wirkung gegenüber dem Außen zu tun. Es gibt keine objektive Messlatte, die einer Antwort einen korrekten schlagfertigen Gehalt zuweist. Wichtig ist, *wie* die Antwort auf die Umgebenden wirkt. Alle schlagfertigen Antworten haben eine Wirkung gemeinsam: Souveränität. Ob mit Witzfertigkeit, mit Diskussionsfertigkeit oder Erwiderungsfertigkeit – immer ist der Gedanke der Zuhörenden bei einer gelungenen Replik: „Wow, das sitzt.“ Damit wir souverän wirken, gibt es einige Nebenschauplätze, die mit dem eigentlichen Inhalt der Antwort gar nichts zu tun haben. Da ist zunächst einmal der Name. Sie wirken souveräner, wenn Sie den Namen des Angreifers noch einmal genüsslich hinten an Ihre Erwiderung anfügen. Es ist ein Unterschied, ob Sie sagen: „Das sehen Sie falsch“ oder ob Sie sagen: „Das sehen Sie falsch, Frau Dr. Bornewald.“

***Regel Nr. 1* lautet also: Sie verstärken eine Antwort, wenn Sie den Namen des Angreifers noch einmal wiederholen.**

> **Mein Tipp**
> Wiederholen Sie den Namen des Angreifers – das wirkt souverän!

Sie können auch ausweichen, indem Sie beispielsweise sagen „Herr Kollege“ oder „Herr Nachbar“ oder sonst einen Titel. Auch bei Frage-Antwort-Spielen wird der Name wichtig. Prägen Sie sich die Namen Ihrer Gesprächspartner ein und sprechen Sie sie aus – Sie wirken dadurch souverän.

***Regel Nr. 2*: Schauen Sie Ihrem Gegenüber mit stabilem Blick in die Augen.**

Sowohl während seiner Frage oder des Vorwurfs, als auch dann, wenn Sie über die Antwort nachdenken, als auch, wenn Sie antworten. Allein durch einen festen, souveränen Blick wirken Sie nonverbal schon als Sieger. Ich habe gemessen, dass eine Replik nach durchschnittlich vier Sekunden Reaktionszeit ihre Wirkung verliert. Wenn aber Ihr Blick stabil, wissend und souverän ist, können Sie Ihr Gegenüber noch wesentlich länger wortlos anschauen und die nachfolgende Antwort wirkt trotzdem noch schlagfertig.

Nachdem Sie die Frage beantwortet haben, ziehen Sie den Blick weg vom Angreifer. Sie entziehen im quasi nonverbal das Wort. Sie signalisieren dadurch: „Die Frage ist jetzt beantwortet. Ein weiteres Nachfragen ist überflüssig – der Nächste bitte." Das alles wird nur durch Ihren Blick bewerkstelligt. Sie müssen das in einer echten Diskussionsrunde einmal wirklich erlebt haben Das wirkt sehr souverän.

Mein Tipp
Damit Ihre Antwort auch souverän wirkt, beachten Sie: Sprechen Sie laut, halten Sie sich aufrecht, schauen Sie Ihr Gegenüber intensiv an, ziehen Sie den Blick nach der Antwort weg.

***Regel Nr. 3:* Halten Sie sich aufrecht. Richten Sie sich „baumstammmäßig" gerade auf.**

Dieser Trick ist sehr einfach: Sie stellen sich mit dem Rücken zur Wand und achten darauf, dass Ihr Rücken in seiner ganzen Länge flach an die Wand gedrückt ist. Ihre Fersen sollten ebenfalls Kontakt zur Wand haben. Wenn Sie breitflächig Kontakt zur Wand spüren, laufen Sie in dieser Körperposition von der Wand weg. So erreichen Sie eine optimale Körperhaltung. Nach ein paar Mal üben können Sie auch ohne reale Wand, nur durch die Kraft Ihrer Vorstellung, Ihren Körper an einer imaginären Wand ausrichten. Bitte tun Sie es jetzt einmal zur Übung.

***Regel Nr. 4*: Sprechen Sie laut. Wer seine Meinung laut kundtut, der wirkt selbstbewusst und souverän.**

Dieses Instrument ist hervorragend geeignet, um einer vom Text her eher schwachen Antwort doch noch zu ihrer Wirkung zu verhelfen. Gerade wenn Sie sich unsicher fühlen, sollen Sie lauter reden als sonst. Weil Ihr Unterbewusstsein den Volumenregler Ihrer Stimme automatisch nach unten zieht, wenn Ihre Souveränität angekratzt ist, tun Sie gut daran, bewusst dagegen anzusteuern.

Schlagfertigkeit ist Identität

Schlagfertigkeit ist keine Technik, Schlagfertigkeit ist eine *Geisteshaltung*. Sie brauchen eine Identität als schlagfertiger Mensch. Das ist viel wichtiger als das Erlernen einer Technik. Das Entscheidende ist, dass Sie sich sagen: „*Ja, ich mach's*. Ich gebe schlagfertig zurück, auch wenn's mal schräg ankommt." Das ist eigentlich das Wesentliche – nicht das Beherrschen vieler Methoden. Je nachdem welche Art der Schlagfertigkeit Sie gern lernen möchten – ob die Witzfertigkeit, die Erwiderungsfertigkeit oder die Diskussionsfertigkeit –, diese Art müssen Sie auch als Identität annehmen. Wenn die *Witzfertigkeit* Ihr Hauptanliegen ist, müssen Sie sagen: „Ja, ich mache immer öfter mal eine humorige Bemerkung. Ich bin eine Person, die andere zum Lachen bringt. Ich bin Mittelpunkt." Sie müssen sich eine neue Rolle als humoriger Mensch zu Eigen machen. Das schließt natürlich auch einmal mit ein, dass Sie einen Witz machen, über den keiner lacht. Denken Sie an Thomas Gottschalk oder Harald Schmidt. Die haben eine Identität als „Spaßmacher", auch wenn der eine oder andere Gag mal in die Hose geht. Wenn Sie solch eine Identität nicht im Inneren tragen, wirkt die Technik wie aufgesetzt.

> **Mein Tipp**
> Scheitern gehört zum Leben, wie auch zur Schlagfertigkeit. Geben Sie weiterhin schlagfertige Antworten, auch wenn eine Antwort mal danebengeht. Sie können niemals vorher wissen, wie Ihre Bemerkung ankommt.

Wenn Sie in der *Diskussionsfertigkeit* weiterkommen möchten, müssen Sie sich diese neue Rolle zu Eigen machen: „Ich bin ein streitbarer Mensch." Der sagt Dinge auch in einer großen Runde, die nicht zwingend jedem gefallen werden. Der hakt ein, auch wenn's bequemer wäre zu schweigen. Der hält seinen Standpunkt. Der steht auf, wenn andere sitzen bleiben würden. Der behält die Initiative im Gespräch, auch wenn er in der Defensive ist. Denken Sie an Otto Schily oder den hessischen Ministerpräsidenten Koch. Das sind solche Figuren. Die haben eine Identität als „harte Diskussionsgegner".

Wenn Sie in der *Erwiderungsfertigkeit* weiterkommen möchten, müssen Sie die Identität eines Menschen annehmen, der gerne auch mal frotzelt. Der andere auch mal mit ironischen, zynischen, sarkastischen Bemerkungen belegt. Das tut er niemals nur als Reaktion auf andere, sondern auch als Aktion. Denken Sie an Carl Dall in seinen legendären Sendungen – eine wirklich sarkastische Person. Carl Dalls Sendungen sind übrigens ein gutes Beispiel dafür, wie die Identität über das Wohl oder Wehe eines Menschen in dieser Sendung entschieden hat. Carl Dalls Sendungen hatten folgendes Konzept: Jeder Gast wurde auf irgendeine Art veräppelt oder schlecht gemacht. Die Gäste wussten das alle, aber aus Gründen der Publicity ließen sie's halt über sich ergehen. Man sah schon an der Körpersprache des Gastes beim Platznehmen, ob da ein Opfer kam oder ein Täter. Ich erinnere mich beispielsweise an eine Sendung mit Campino, dem Leadsänger der Band „Die Toten Hosen". Der war von Beginn an Täter. Schlagfertigkeit ist eine Frage der Identität und nicht der fehlenden Antworten.

Zwei Irrtümer über die Techniken der Schlagfertigkeit

Erster Irrtum: Eine Technik passt in 100 Prozent der Fälle

In diesem Buch stelle ich Ihnen viele Techniken vor. Ich weiß aus meinen Seminaren, dass viele Menschen erwarten, eine einzelne Technik müsste eigentlich immer auf *jede* Art von Vorwurf, Beleidigung oder Frage passen. Das ist leider reines Wunschdenken. Tatsache ist: Jede einzelne Technik eignet sich nur für einen gewissen Typ von Angriff. Wenn wir Glück haben, dann passt sie vielleicht sogar auf die Mehrheit aller Angriffe, aber niemals auf alle.

Wenn man die Gesamtheit aller Verbalangriffe mit der Gesamtheit aller Insekten auf dieser Erde vergleicht, so ist eine Technik mit einem Insektengift vergleichbar. Ameisen in Ihrer Wohnung werden Sie anders bekämpfen als Stechfliegen in der Nacht und wieder anders als die Kakerlaken im Urlaub. Es wird niemals ein Mittel geben, das gegen alle Insekten gleich wirksam wäre. Ein gutes Mittel haben Sie bereits, wenn es bei 10 Prozent aller Insekten wirkt. Wenn es sehr gut ist, schafft es gerade mal die Hälfte. Aber niemals alle. Trennen Sie sich also von dem Wunschtraum, eine Technik haben zu wollen, mit der Sie in *jeder* Situation parieren könnten.

Was wir aber erreichen können, ist, durch Einprägen mehrerer Techniken eine große Fläche an möglichen Angriffen abzudecken. Stellen Sie sich das wie drei Taschenlampenlichtkegel vor, die von der Decke hängend einen dunklen Kellerraum ausleuchten. Ein Lichtkegel deckt vielleicht 30 Prozent der Fläche ab, der andere Kegel überlappt sich größtenteils mit dem ersten, deckt aber selbst 25 Prozent der Fläche ab und ein dritter überlappt sich wiederum mit den beiden anderen und deckt allein 40 Prozent ab. So ist es auch mit den Schlagfertigkeits-Techniken. Mit *drei* Techniken, die sich immer auch wechselseitig überlappen, haben wir insgesamt vielleicht zwei Drittel aller Angriffe abgedeckt, was ein Riesenerfolg gegenüber den 10 Prozent wäre, die wir vorher als Zufallstreffer aus dem Bauch heraus geschafft hätten. Niemals aber eignet sich eine Technik universell für *alle* möglichen Angriffe. Sie werden besser, aber eine 100-Prozent-Lösung gibt es nicht.

Zweiter Irrtum: Es gibt die Schachmatt-Technik

Viele Teilnehmer in meinen Seminaren glauben, dass die Wirksamkeit einer Technik erst dann bewiesen sei, wenn niemand mehr darauf etwas erwidern kann. Das ist falsch.

Wenn ich meinen Seminarteilnehmern z. B. das Kontern mit einem höheren Ziel beibringe, dann kommt bisweilen eine Wortmeldung aus dem Publikum: „Herr Pöhm, ja dann sagt der andere doch ganz klar: ‚Sie haben meine Frage nicht beantwortet, bitte beantworten Sie meine Frage‘." Der Teilnehmer fühlt sich jetzt im Glauben, die Wirkungslosigkeit der Technik bewiesen zu haben, weil ihm doch noch eine Antwort dazu eingefallen ist. Ich gebe ihm dann meist auch noch eine mögliche Replik darauf. Zum Beispiel: „Ich *habe* Ihre Frage beantwortet. Warum haben Sie nicht zugehört? Stellen Sie bitte die nächste Frage", aber das ist nicht die eigentliche Lösung des Problems.

Dass auf einen Konter noch eine Antwort zurückkommt, liegt nicht an der Schwachheit der Methode, sondern an der Cleverness des Gegenübers. Ich kann die Cleverness Ihres Gegenübers nicht abstellen, aber Sie dazu bringen, auch selbst clever am Ball zu bleiben.

Aus solchen Fragen erkenne ich, dass viele meinen, dass eine Technik nur dann gut ist, wenn absolut niemand mehr darauf etwas sagen kann – aber das gibt es nicht. Schlagfertigkeit ist wie Schachspielen. Schlagfertigkeit zu lernen, heißt, Ihnen Schachspielen beizubringen. Ich bringe Ihnen einzelne Züge und Gewinn bringende Strategien

bei. Niemals wird es aber den einen Zug geben, der den Gegner *immer und auf Anhieb* schachmatt setzt. Auf jeden Zug gibt es natürlich Erwiderungsmöglichkeiten für den Gegenspieler. Aber darauf kann ich ja wieder etwas entgegnen. Das ist das Schöne am Schachspielen genauso wie bei der Schlagfertigkeit.

Sie lesen dieses Buch, weil Sie sich gegen Angriffe verteidigen wollen – Sie wollen dagegen gewappnet sein, wenn andere Sie „ungerechtfertigt" attackieren. Die Welt ist aber leider nicht in Gut und Böse aufgeteilt und Sie sind zufällig auf der guten Seite. Was glauben Sie, wie viele Menschen sich im Laufe ihres Lebens durch Sie angegriffen gefühlt haben? Wie viele davon vielleicht jetzt parallel zu Ihnen dieses Buch lesen, um gegen Leute wie Sie endlich vorgehen zu können?

Das macht bescheiden. Wir sind mindestens genauso oft Angreifer wie auch Angegriffene.

Mein Tipp
Wappnen Sie sich gegen Angriffe, aber achten Sie auch gleichzeitig darauf, dass Sie andere nicht unbedacht und ohne Notwendigkeit angreifen.

Trotz aller Schlagfertigkeit sollten Sie eines erreichen: eine souveräne, starke Persönlichkeit zu werden und gleichzeitig ein guter Mensch.

Matthias Nöllke schreibt in seinem Buch *Schlagfertigkeit* so schön: „Es gibt noch ein Leben nach dem Spruch."

Schlagfertigkeit ist lernbar

Schlagfertigkeit lernen

Schlagfertigkeit ist wirklich lernbar. Das ist wie beim Kochen. Es gibt Leute, die haben ein Naturtalent zum Kochen. Die wuseln selbstvergessen in der Küche und zaubern ein kulinarisches Gedicht, bei dem alle Gäste ins Schwärmen geraten. Solche Menschen kochen zwar nur wenige Gerichte, aber die, die sie kochen, schütteln sie locker, „einfach so", ohne speziell nachzudenken, aus dem Armgelenk. Jetzt aber kommt ein interessierter Mensch und sagt: „Verdammt, so will ich auch kochen können" und beschließt, solche genialen Naturtalent-Köche unter die Lupe zu nehmen. Er beobachtet genau, was sie scheinbar intuitiv tun. Er schaut, welche Rohmaterialien sie benutzen, misst genau die Zutaten und schreibt die Kochzeiten und die Temperaturen des Ofens auf. Er verfasst auf diese Art das, was jedermann unter dem Begriff „Rezept" kennt. Mit diesen Rezepten können plötzlich auch Leute, die nicht zu den Naturtalenten gehören, genau dasselbe kochen wie diese Talente. Und selbst die talentierten Köche erweitern mit dem Rezept eines anderen Naturtalent-Kochs ihr Repertoire.

Und genau so ist es auch bei der Schlagfertigkeit. Es gibt die scheinbaren Naturtalente wie Gerhard Schröder, Bill Clinton, Thomas Gottschalk oder Harald Schmidt. Wenn man aber genau hinschaut, merkt man, dass die oftmals ein intuitives Rezept haben. Dieses Rezept ist ihnen im wachen Bewusstsein wahrscheinlich nicht klar, aber wenn man genau beobachtet, stellt man fest, dass sie die immer gleichen Prinzipien anwenden. Und die habe ich als Rezept aufgeschrieben und für andere zum „Nachkochen" aufbereitet.

Das Erlernen der Schlagfertigkeit können Sie auch mit der Grammatik der deutschen Sprache vergleichen. Sie sagen vollkommen korrekt „Ich habe gespielt“ und nicht „Ich habe gespielen“. Andererseits sagen Sie korrekt „Ich habe geholfen“ und nicht etwa „Ich habe gehilft“. Wenn man Sie aber fragen würde, nach welcher Grammatikregel man in einem Fall „gespielt“ und im anderen Fall „geholfen“ sagt, stünden wohl 95 Prozent meiner Leser auf der Leitung. Irgendwann ist ein Mensch an die deutsche Sprache herangegangen und hat das „intuitive Sprechverhalten“ der Deutschen analysiert. Er hat herausgefunden, dass massive Regeln dahinter stecken, die dem Deutschen zwar nicht klar sind, die er aber beim Sprechen unbewusst einhält. Dann hat er sich drangemacht, diese Regeln aufzuschreiben – eine Grammatik ist entstanden. Und auf diese Weise ist Deutsch als Fremdsprache lernbar gemacht worden. So ist es nun auch mit der Schlagfertigkeit: Ich habe quasi die Grammatikregeln der Schlagfertigkeit aufgeschrieben und für „Nichtschlagfertige“ lernbar gemacht. Auch wenn sich natürlich Gottschalk und Konsorten keine Gedanken um Regeln machen.

Triggersätze und Standards

Wichtig bei der systematischen Schlagfertigkeit ist, dass sie einfach zu handhaben ist. Wenn Sie zu komplizierte Ansätze versuchen, dauert es zu lange und macht Ihnen Unlust. Sie müssen *einfach* auf eine Lösung kommen und es muss schnell gehen. Meine große Spezialität sind deshalb *Triggersätze* und *Standards*. Ich habe für sehr viele Techniken nicht nur eine theoretische Grundlage geschaffen – also eine Überlegung, mit der man auf die Lösung kommt –, sondern auch praktische Satzanfänge, die so genannten *Triggersätze*, die Ihr Hirn zum Weiterdenken anregen. Diese Triggersätze sind Hilfskonstruktionen, um schnell auf die richtige Antwort zu kommen. Die Satzanfänge müssen Sie nicht aussprechen, aber es hilft Ihnen, sofort in die richtige Richtung zu denken und schnell etwas Passendes formulieren zu können. Ihr Hirn tut Ihnen den Gefallen und will den begonnenen Satz ergänzen. Beispielsweise finden Sie mit dem Triggersatz „Was verstehen Sie unter..." in sieben von zehn Fällen eine vernünftige Rückfrage auf fast jeden Angriff.

Meine zweite Spezialität sind *Standards*. Zu den meisten Techniken habe ich Standards entwickelt: Antworten, die sich fast wörtlich auf eine Vielzahl von Angriffen anwenden lassen. Meist ist es hilfreich, sofort – auch unter Stress – eine Antwort parat zu haben. Zum Beispiel können Sie die Antwort „Wo liegt Ihr Problem?" bei einer Vielzahl von Verbalattacken ohne Nachdenken einsetzen. Sie passt in acht von zehn Fällen wie die Faust auf's Auge.

Mein Tipp
Lernen Sie drei Triggersätze auswendig. Triggersätze sind Satzanfänge, die Ihr Hirn anregen, die richtige Ergänzung zu suchen.
Lernen Sie drei Standards auswendig. Damit sind Sie schon in sieben von zehn Fällen aus dem Schneider.

Wenn Sie wirklich schlagfertiger werden wollen

Wenn Sie wirklich schlagfertiger werden wollen, so müssen Sie einiges beachten. Das Lesen dieses Buches allein genügt leider nicht. Sie müssen auch wirklich die Übungen machen, wenn es gefordert wird. Nehmen Sie dann tatsächlich einen Bleistift zur Hand, und machen Sie die Ausfülltests. Das ist wie englische Grammatik lernen. Nur das Konsumieren von einigen Beispielen der Konditional-

II-Form „What would you have done, if I had gone alone" reicht nicht. Damit Sie es auch korrekt aktiv anwenden können, müssen Sie immer und immer wieder diese Konstruktion an neuen Beispielen trainieren.

So sollen Sie es auch mit den Techniken in diesem Buch machen. Bitte notieren Sie sich beim Durchlesen an jeder Technik, *nachdem* Sie die Beispiele ausgefüllt haben, Ihre Bewertung von eins bis zehn, um dann wirklich beurteilen zu können, ob die Technik für Sie passt oder nicht. Bewertung eins heißt: Passt nicht zu mir; zehn bedeutet: Gefällt mir außerordentlich gut. Am Ende des Buches lassen Sie dann noch einmal Ihre Favoriten-Techniken Revue passieren und suchen sich davon nur *drei* Techniken aus, die Sie als Ihr Repertoire trainieren möchten. Die restlichen 37 Techniken vergessen Sie bitte.

Dann können Sie sich auf meiner Homepage *www.poehm.com* 300 Verbalattacken herunterladen. Mit diesen trainieren Sie dann ausschließlich Ihre drei ausgesuchten Techniken. Wenn Sie die verinnerlicht haben, gehen Sie zu einem Freund und sagen ihm: „Los, greif mich mal an." Sie müssen auch im echten Leben trainieren, nicht nur vor einem Blatt Papier. Dieselbe Vorgehensweise gilt für die Standards. Suchen Sie sich nur *drei* Standards aus, die Ihnen gefallen, und lernen Sie diese *auswendig*. Gehen Sie auch hier die 300 Verbalattacken durch und wenden Ihre drei Standards auf *jeden* Angriff an. Immer die gleiche Antwort auf jeden Angriff. Achtung, es wird nur bei etwa der Hälfte funktionieren. So bekommen Sie Routine und merken, in welchen Situationen welcher Standard besonders gut passt. Sie müssen die Standards wirklich im Schlaf können. Dann gehen Sie wieder zu Ihrem Freund und sagen: „Los, greif mich an" – und üben Ihre Standards auf diese Weise praktisch.

Wenn Sie Ihre Schlagfertigkeit effektiv verbessern wollen, dann nehmen Sie meinen Rat ernst: Prägen Sie sich maximal drei Techniken ein! Bitte suchen Sie sich aus der Reihe von angebotenen Techniken nur drei aus, die Sie wirklich trainieren. Und zwar nur diejenigen, die zu Ihnen passen – mit denen Sie sich identifizieren können. Selbst ich, der ich mich seit fünf Jahren fast ausschließlich mit der Schlagfertigkeit beschäftige, habe meine drei Lieblingstechniken, auf die ich immer wieder zurückgreife. Zurzeit sind das: Rückfrage, voll zustimmen und maßlos übertreiben. Vielleicht ändern sich auch Ihre Vorlieben mit der Zeit. Gehen Sie also in regelmäßigen Abständen immer mal wieder das Buch durch, und schauen Sie nach, ob sich jetzt nicht eine andere Technik anbietet, die Sie sich aneignen könnten. So können Sie auf lange Sicht von diesem Buch profitieren.

Auf den folgenden Seiten stelle ich Ihnen nun insgesamt 40 der besten Schlagfertigkeitstechniken detailliert und mit Beispielen vor. Zum Abschluss jeder Technik habe ich Aufgaben für Sie vorbereitet, die Sie unbedingt ausfüllen sollten – sonst ist der Lerneffekt gering. Dies können Angriffe sein, auf die Sie antworten, oder Situationen, anhand derer Sie Ihre Witzfertigkeit, Diskussions- oder Erwiderungsfertigkeit üben können. Bitte machen Sie diese Aufgaben tatsächlich. Nehmen Sie einen Bleistift zur Hand, und tragen Sie Ihre Antworten ein. Danach bewerten Sie bitte jede Technik mit Punktzahlen zwischen 1 und 10. Wenn Sie dieses Buch durch haben, können Sie sich anhand Ihrer Bewertungen Ihre drei Hitparaden-Ersten heraus suchen, die Sie ausschließlich trainieren.

Also dann, los geht's mit den Techniken und Übungen!

II. Basis-Techniken der Schlagfertigkeit

Übertreiben durch deftigen Vergleich (1)

„Helmut Kohl schaut in seinem Mantel aus wie ein zugehängtes Kettenkarussell", schrieb das Nachrichtenmagazin „DER SPIEGEL" über unseren Altkanzler.

Solche Bemerkungen verleiten uns zum Schmunzeln. Dahinter steckt ein bewährtes Humormuster: *der deftige Vergleich.* Um ein Phänomen deutlich zu machen, wählen wir die Übertreibung. Aber nicht in dem Sinn, dass wir sagen: „Ich hab's dir tausend Mal gesagt" – das ist noch nicht witzig. Wir brauchen vielmehr einen *bildhaften* Vergleich, der so weit hergeholt sein muss, dass er absurd wirkt.

„Der hat eine Schuhgröße, der könnte eigentlich ohne Skier bei der Vier-Schanzen-Tournee mitmachen."

Die Übertreibung wird in ein absurdes Bild umgesetzt. Hier die Skier, dort das Kettenkarussell. Dies ist eine Methode, um spontan, aus der Situation heraus, witzige schlagfertige Bemerkungen zu machen. Hier muss vorher kein Angriff erfolgen – die Methode gehört in den Bereich der Witzfertigkeit: die Schlagfertigkeit à la Harald Schmidt.

„Die Kinder waren so fett, dass die Lehrer schon froh sind, wenn sie beim Weitsprung die Grube treffen", schreibt der Mentaltrainer Andreas Ackermann in seinem Newsletter.

Damit es witzig klingt, muss ein konkretes Bild in uns ausgelöst werden. Wir suchen ein absurdes Vergleichsbild, mit dem wir die Ursprungsaussage verquicken. Wir übertreiben im Bild. Nicht um ein paar Prozentpunkte, nicht um ein Vielfaches – nein, um eine ganze Dimension. Und dafür suchen wir ein Vergleichsbild in der Alltagswelt.

> Im Nachrichtensender NTV(1) wurde ein Bericht über den Grünen-Parteitag gesendet. Der Kommentator sagte über die Gruppe der Fundamentalisten: „Die Fundis bei den Grünen haben sich inzwischen derart dezimiert, die könnten ihre Mitgliederversammlung getrost in einer Telefonzelle abhalten."

Es handelt sich hier im Kern um maßlose Übertreibungen, die mit einem bildhaften Vergleich beschrieben werden. Wir übertreiben in Gedanken zunächst den Vorgang und suchen zur Verdeutlichung der extremen Aussage einen bildhaften Vergleich, der absurd genug ist.

Gehen wir mal eine Aussage Schritt für Schritt durch. Wir wollen deutlich machen, dass jemand dicke Brillengläser hat. Jetzt machen wir zunächst in Gedanken die Brillengläser dicker, dicker, dicker – über die Maßen und über alle Grenzen hinaus. Und dafür suchen wir jetzt einen Vergleich. Wir können uns auch fragen: Welches Objekt aus Glas in der Alltagswelt ist gigantisch viel größer als Brillengläser?

> „Seine Brillengläser waren dick wie Glasbausteine", –

das war übrigens exakt der Vergleich, den ebenfalls „DER SPIEGEL" über ein russisches Schachgenie gebrauchte. Wir müssen schmunzeln, wenn wir uns das plötzlich vorstellen. Es ist einfach absurd.

„Beethoven war so taub, er dachte ein Leben lang, dass er malt", sagt der Redner locker während seines Referats. Lachen im Publikum.

Humorvoll zu reagieren, ist eine wichtige Spielart der Schlagfertigkeit. Witzige Bemerkungen zu Situationen gelten als genauso schlagfertig wie Erwiderungen auf Verbalattacken.

„Meine Freundin Iris, die sonst ohne weiteres einen Elektrogrill auseinander und wieder zusammenbaut, verliert, sobald sich ein toller Kerl nähert, ihre Fähigkeit, einen Schraubenzieher von einer Motorsäge zu unterscheiden", schreibt Doris Knecht im *Tagesanzeiger Magazin*[2].

Diese Technik hat viele Parallelen zu anderen Techniken. Bei der *übertriebenen Zustimmung* machen Sie im Prinzip nichts anderes, oder wenn Sie *in Bildern kontern*. Auch da suchen Sie einen bildhaften Vergleich, jedoch nicht übertrieben – das ist der einzige Unterschied.

Fußballweltmeisterschaft 2002 in Japan und Südkorea. Spanien gewinnt gegen Paraguay. Der Tagesanzeiger schreibt über den nicht überzeugenden Tormann Paraguays: „Dem molligen Macho ist auf seine alten Tage die Sprungkraft eines Sumo-Ringers geblieben."

Wie können Sie ausdrücken, dass das alte BMW-Modell gegen das neue Modell sehr altertümlich wirkt? Übertreiben Sie mit einem deftigen Vergleich:

Hast du den neuen 7-er BMW schon gesehen? Meiner ist erst drei Jahre alt. Aber gegen den kommt mir meiner vor wie eine Postkutsche.

Wie können Sie ausdrücken, dass der Magen eines Kollegen laut knurrt? Übertreiben Sie mit einem deftigen Vergleich:

Mein Magen macht Geräusche, man meint, es wären Brunftschreie eines Dinosauriers.

Wie können Sie ausdrücken, dass in einer Schulklasse laut geschwätzt wird? Übertreiben Sie mit einem deftigen Vergleich:

Während des Schulunterrichts herrschte ein Geräuschpegel, da hätte man getrost noch unbemerkt eine Blaskapelle im Hintergrund spielen lassen können.

Ihre drei Aufgaben:

1. Suchen Sie jetzt bitte einen absurden, übertriebenen, bildhaften Vergleich für jemanden, der dick ist.

2. Suchen Sie bitte einen absurden, übertriebenen, bildhaften Vergleich für jemanden, der sparsam ist.

3. Suchen Sie bitte einen absurden, übertriebenen, bildhaften Vergleich für jemanden, der oft krank geschrieben ist.

____

____

Wie beurteilen Sie die Technik? Vergeben Sie Punkte zwischen 1 und 10.

Meine Punktzahl: ☐

Hier mögliche Antworten für diese Übung:

1. Bei ihm sieht's aus, als wäre ein Heißluftballon gelandet.
2. Der ist so sparsam, der wäscht sich nach dem Pinkeln immer nur die Finger, die wirklich nass geworden sind.
3. Bei ihm ist man schon froh, wenn er zwei Tage pro Jahr gesund zur Arbeit kommt.

Den King Louis spielen (2)

Gerhard Schröder, Franz Beckenbauer, Claudia Schiffer und Boris Becker stehen nebeneinander in einer Reihe. Nur einer aber darf an diesem Abend reden. Wir schreiben den 5. Juli 2000. Ort des Geschehens ist Zürich, bei der Verkündigung des Austragungslandes der nächsten Fußball-Weltmeisterschaft. Die FIFA hatte entschieden: Die Deutschen hatten es diesmal äußerst knapp geschafft. Die nächste Weltmeisterschaft 2006 würde in Deutschland stattfinden. Zu verdanken hatten sie es einem Mann: Franz Beckenbauer, dem ehemaligen Nationalspieler, Nationaltrainer und jetzigen FC Bayern-Präsident, dem Tausendsassa, dem scheinbar alles gelang, was er in die Hand nahm. Er, der in den letzten Monaten unermüdlich in aller Welt die Werbetrommel für Deutschland gerührt hatte, war der Einzige, der an diesem Abend reden sollte. Alle anderen Prominenten in der Reihe mit ihm waren nur Staffage. Beckenbauer sagte während seiner Ansprache mit Blick auf seine nebenstehenden Mitstreiter:

> „Wer schweigt, sagt manchmal mehr, als wenn er redet."

In den Abendnachrichten kam Bundeskanzler Schröder dann aber doch in einem anschließenden Interview zu Wort. Der Reporter konfrontierte ihn mit dieser Aussage Beckenbauers und fragte, was er dazu meine. Schröder antwortete trocken:

> „Das will ich nicht auf mich bezogen haben, aber im Allgemeinen mag das stimmen."

Was hat der Mann für ein Selbstwertgefühl! Schlagfertige Antworten wie diese entstehen aus einem großen Selbstwertgefühl. „Ich bin der König" – das ist die Einstellung, die dem zu Grunde liegt. Wenn man diese Einstellung jetzt noch weiter überdreht, hat man ein herrliches Schlagfertigkeitsmuster.

In einer Sitzung giftet Herr Kaiser: „Herr Mayer, müssen Sie immer das letzte Wort haben?" Mayer sagt gelassen: „Ja klar, wer denn sonst?"

Sie antworten mit der Haltung: „Ich bin der Schönste, Intelligenteste, Gebildetste, Beliebteste ... – kurzum: Ich bin King Louis, der in jeder Beziehung Größte aller Zeiten."

Mit dieser übersteigerten, großspurigen Großprotz-Rolle lassen sich jetzt leicht griffige, schlagfertige Antworten finden.

Frau Schaub, könnten Sie mit einem Mann zusammenarbeiten, der intelligenter ist als Sie?
→ **Keine Ahnung, mir ist noch keiner begegnet.**

Warum sagen Sie nicht auch mal was?
→ **Ich muss warten, bis die Diskussion auf meinem Niveau angekommen ist.**

Sie geben eine Antwort in der Geisteshaltung eines bis zur Karikatur übersteigerten Großmauls.

Du weißt immer alles besser!
→ **Gut, dass du das erkennst.**

Arbeiten Sie doch mal an Ihrer Ausstrahlung!
→ **Noch mehr Ausstrahlung würden Sie nicht verkraften.**

Hast du dir nie überlegt, was Gott mit dir plant?
→ **Frag nicht, was Gott mit mir plant, frag lieber, was ich mit Gott plane.**

Hier wieder drei Angriffe für Sie zum Üben.

1. Du bist zu dick!

   ____

   ____

2. Dir haben Sie wohl das halbe Hirn rausoperiert.

   ____

   ____

3. Das werden Sie niemals schaffen.

   ____

   ____

Wie beurteilen Sie die Technik? Vergeben Sie Punkte zwischen 1 und 10.
Meine Punktzahl: [ ]

Hier mögliche Antworten für diese Übung:

1. Immer noch zu dünn für die Bedeutung, die ich habe.
2. Das haben Sie in Alkohol eingelegt und ausgestellt. Der einzige Mensch, der mit einer Hirnhälfte intelligenter ist als andere mit zweien.
3. Doch – ich lasse andere schaffen.

Angriffe durch die Blume (3)

An der Hotelrezeption in Hamburg, Steigenberger Hotel. Das Auto wird vom Hotelpagen geparkt. Die Rezeptionistin schiebt die Parkkarte zu mir hin. Ich: „Wo steht denn das Auto in der Tiefgarage?“ Die Rezeptionistin im genervten, belehrenden Unterton:

„Ach, habe ich es Ihnen *nicht* draufgeschrieben?“ Sie nimmt die Karte unwirsch noch mal in die Hand und sagt mit gespieltem Erstaunen: „Ah doch, da steht's!“ Wut kommt in mir hoch. „Ein Fünf-Sterne-Hotel! Und du musst dich behandeln lassen wie ein kleiner Schulbub.“ Genervt wende ich mich ab zum Aufzug und drücke mein Stockwerk. Während der Aufzug fährt, fällt mir meine eigene Regel ein: „Ja, *das* wäre die Strategie gewesen! Und für die nächsten vier Wochen würde die den Gästen gegenüber nie wieder solche Sticheleien von sich geben.“

Auf ihr gespieltes „Ach, habe ich es Ihnen *nicht* draufgeschrieben?“ hätte ich erwidern sollen:

> „Sie wollen mir hier also andeuten, dass ich der Trottel bin. Sie wollten sagen: ‚Ich hab's dir schon mal gesagt und außerdem, da steht´s doch drauf! Kannst du nicht lesen? Frag nicht so blöde, schau gefälligst die Parkkarte genau an.' Hab ich das richtig erkannt?"

Nicht nur im Hotel, wo man von Berufs wegen dem Gast immer Recht geben muss, sondern auch im normalen Alltagsleben wird das Gegenüber bei so einer Erwiderung in einen Reflex verfallen: Wenn wir vom anderen unsere eigenen Gedanken ausgesprochen hören, wird es uns peinlich und unangenehm. Mit einem Schlag wird uns klar, dass wir mitten in der Fritteuse stehen. Wir erschrecken und verfallen in den Zwang, das Gegenteil beteuern zu wollen. „Nein, nein, so war das sicher nicht gemeint." Verschämt registrieren wir, dass unsere heimlich erdachte Strategie offengelegt wurde.

Die Regel für Sie ist einfach: Sprechen Sie das aus, was Sie beim anderen versteckt heraushören, und präsentieren Sie es ihm in seiner Hässlichkeit.

Ein gebürtiger Münchner mit Dialektfärbung sitzt in München in einer In-Kneipe. Ein Gast mit hochdeutscher Aussprache sagt zu ihm: „Dass ich nicht aus der Gegend komme, hört man ja an meiner Aussprache." Der erwidert: „Sie wollen praktisch sagen, dass mein Dialekt primitiv klingt und dass die, die ihn benutzen, geistig minderbemittelt sind. Das wollten Sie doch ausdrücken, oder?"

Mein Tipp
Wenn Sie das aussprechen, was der andere eigentlich gedacht hat, aber nicht zu sagen wagt, wird's ihm sehr unangenehm.

Machen Sie im Anschluss auch immer eine Kontrollfrage: „Ist das so?", oder: „Hab ich das richtig erkannt?". Erst dadurch drängen Sie den Angreifer in die volle Defensive.

Es sind die versteckten Angriffe, die die schmerzhaftesten sind. Die Sticheleien, bei denen der andere nicht klar auszusprechen wagt, was er eigentlich denkt – sich es aber doch nicht verkneifen kann, Ihnen anzudeuten, was er von Ihnen hält. Diese Art der Angriffe sind mit die häufigsten, die wir überhaupt finden. Viel seltener hören Sie, dass Ihnen jemand geradewegs ins Gesicht sagt: „Sie sind ein Trottel!" Viel eher hören Sie ein gepresstes: „Wie ich gerade schon mal erklärt habe ...." Gerade Frauen untereinander bevorzugen diese Art des verdeckten Kampfes.

Einer Kollegin gegenüber erwähnen Sie, dass Sie am Telefon von der Rezeptionistin immer fürchterlich unfreundlich abgefertigt werden. Darauf sagt sie: „Also, das kann ich überhaupt nicht sagen, wenn *ich* dran bin, ist die Rezeptionistin immer wahnsinnig freundlich." – Packen Sie jetzt die versteckte Botschaft aus und bringen ihre Hintergedanken ans Licht:

„Du willst also damit sagen, dass es an meiner unsympathischen Art liegt, dass man mit mir einfach unfreundlich sein muss. Wohingegen du bei allen Menschen beliebt bist. Ist das so?"

Der klare, unverhohlene Angriff „Sie sind ein lausiger Redner" ist eigentlich einfacher zu handhaben als die subtile Andeutung: „Beim Vorredner hätt' ich noch mehr hören wollen." Das ist wie bei einer Krankheit ohne Befund. Man hat Schmerzen und kein Arzt weit und breit findet eine Ursache – das macht mürbe. Besser ein gebrochenes Bein. Das ist zwar unangenehm, aber da weiß ich, woran ich bin. Bei einer versteckten Krankheit, gegen die ich nicht gezielt vorgehen kann, bin ich viel hilfloser. Genauso ist es auch bei den Verbalattacken. Bei einer offensichtlichen Beleidigung tritt der Angreifer Ihnen gegenüber wenigstens klar in Erscheinung und spricht klipp und klar aus, was er über Sie denkt. Die Fronten sind klar. Wohingegen der versteckte, unterschwellige Angriff durch die Blume viel bohrender ist, denn er ist nicht greifbar.

Hotline-Berater am Telefon:
„Bei *mir* klappt's!"
→ **„Sie wollen mir also damit sagen, ich habe wieder einen Fehler gemacht. Und weil ich zu beschränkt bin, alles vorschriftsgemäß zu installieren, habe ich jetzt Ihre wertvolle Zeit gestohlen. Ist es so?"**

Triggersatz
Sie wollen mir also damit sagen …

Um beim Angreifer das Gefühl zu steigern, dass er bei seinen hintersten Gedanken ertappt wurde, wenden wir einen psychologischen Trick an: Wir hängen an die Erwiderung eine negative Übersteigerung an. Wir machen uns noch schlechter, als wir in seinen Gedanken waren. Psychologisch passiert folgendes: Der dezente Ursprungsvorwurf wird mit einer überzogenen Ergänzung zu einem Gesamtpaket geschnürt. Jetzt hat der arme Angreifer nur die Möglichkeit, zum ganzen Paket zu stehen oder das ganze Paket zurückzunehmen. Damit steht er unter dem großen Druck, sogar unsere Verteidigung zu übernehmen.

Auch wenn einer schwul ist, kann er ein wertvoller Mensch sein.
→ **Sie wollen damit sagen, dass Schwule Menschen zweiter Klasse sind. Ist das so?**

Diese Strategie des Ansprechens ist auch die wirksamste, wenn jemand schlecht über Sie spricht, während Sie in Hörweite sind. Sie sollen eine Botschaft mitbekommen, die der andere Ihnen nicht wagt, direkt zu sagen. Sie stehen beispielsweise im Raum und in einiger Entfernung sagt jemand gut hörbar: „Der Huber hat schon wieder die Buchhaltungssätze falsch eingegeben. Ich frag mich, warum sie den eingestellt haben?“ – Jetzt braucht es Mut, wie überhaupt bei der Schlagfertigkeit. Gehen Sie zielstrebig und festen Blickes zu demjenigen hin, und sprechen Sie ihn an:

„Sie reden gerade über mich. Sie sagen, ich sei der Volltrottel und es wäre besser, man würde mich rausschmeißen. Warum sagen Sie mir das nicht selber?"

Dadurch, dass Sie es schlimmer ausgedrückt haben als Ihr Angreifer, kann er fast nicht mehr anders, als es peinlich berührt zurückzunehmen.

Ihre Aufgaben:

1. Das kann ich nicht glauben!

   ____

   ____

2. Ach, Sie sind noch nicht verheiratet?

   ____

   ____

3. Schwule sind auch Menschen.

   ____

   ____

Wie beurteilen Sie die Technik? Vergeben Sie Punkte zwischen 1 und 10.
Meine Punktzahl: ☐

Hier mögliche Antworten für diese Übung:

1. Sie wollen mir quasi sagen, dass ich ein bewusster Lügner bin, stimmt's?
2. Sie wollen mir also sagen, dass ich so hässlich und uninteressant bin, dass mich kein Mann haben will. Ist das so?
3. Sie wollen also sagen, dass Schwule in Ihren Augen bemitleidenswerte Menschen zweiter Klasse sind. Richtig?

Angreifen mit der Unterstellungsfrage (4)

„An wen denken Sie, wenn Sie fremdgehen?" fragte der Reporter das schöne Fotomodell beim Fernsehinterview. Ihr verschlug es die Sprache und sie wurde verlegen. „Na ja, Sie sind aber ein frecher ..." Das war alles, was sie noch hervorbrachte. Reingelaufen – die Blamage war perfekt.

Der Reporter stellte eine Frage, die eine Unterstellung mit in der Frage einschloss: durch seine Frage setzte er eine Tatsache als gegeben voraus. Der Reporter fragte nicht, ob sie fremdgeht, sondern er setzte das voraus und fragte nach einer Präzisierung.

Fast alle asiatischen Kampfsportarten sind in erster Linie auf Verteidigung angelegt. Aber bei allen wird auch der Angriff trainiert. Sie müssen ihn beherrschen – auch wenn Sie ihn nicht einsetzen –, sonst werden Sie kein guter Kämpfer. So ist es auch bei der Schlagfertigkeit.

Diese Art des Angriffs nennt man Unterstellungsfrage. Schlagfertigkeit besteht auch aus Angriffen und die sollen Sie auch trainieren. Ein erprobtes Mittel sind Unterstellungsfragen. Sie unterstellen dem Gegenüber etwas in einer Frage – zum Beispiel:

Wenn Sie unterstellen wollen, dass der andere seine Kinder verprügelt:
→ **Schlagen Sie immer noch Ihre Kinder?**

Wenn Sie unterstellen wollen, dass der andere fremdgeht:
→ **Mit wie vielen Frauen sind Sie fremdgegangen?**

Wenn Sie unterstellen wollen, dass jemand am Zoll etwas zu deklarieren hat:
→ **Was haben Sie zu verzollen?**

Bei den folgenden Übungsfragen Sie bitte zunächst Unterstellungsfragen ein, und ändern diese in einem zweiten Durchlauf in Feststellungsfragen, indem Sie sie in eine Aussage mit anschließender Frage auseinander ziehen.

Hier wieder drei Aufgaben für Sie:

1. Sie wollen unterstellen, dass Helmut Kohl ein uneheliches Kind hat:

2. Sie wollen unterstellen, dass jemand nach menschenverachtenden Grundsätzen handelt.

3. Sie wollen unterstellen, dass eine Frau etwas mit einer anderen Frau hat.

Wie beurteilen Sie die Technik? Vergeben Sie Punkte zwischen 1 und 10.
Meine Punktzahl:

Mögliche Antworten zur Übung:

1. Stört es Sie, dass Helmut Kohl ein uneheliches Kind hat?
2. Seit wann haben Sie so menschenverachtende Grundsätze?
3. Was ist das für ein Gefühl, als Frau eine andere Frau zu küssen?

Unterstellungsfragen als Feststellungsfragen

Triggersätze
Seit wann ...?
Warum ...?

Eine noch größere Wirksamkeit erreichen Sie, wenn Sie Ihre Unterstellungsfrage in eine Feststellungsfrage wandeln. Sie ziehen dabei die Unterstellungsfrage in eine Aussage und eine anschließende Frage auseinander.

→ **Sie haben menschenverachtende Grundsätze. Seit wann?**

→ **Sie sind öfter mit Frauen fremdgegangen. Wie viele waren es bisher?**

Das Offensichtliche ins Gegenteil verkehren (5)

Thomas Gottschalk bei *Wetten dass*: Ein Schweizer Kandidat wettet, dass er in derselben Zeit mit dem Ball auf dem Fuß öfter jonglieren kann als drei Profifußballer zusammen. Der Kandidat macht es kurz vor und kickt vier, fünf Mal leichtfüßig den Ball vom rechten auf den linken Fuß. Gottschalk: „Ah, das sieht aus wie bei den Brasilianern!" Und dann nach einer kleinen Pause: „So wie die Schweizer ja auch sonst quasi die Brasilianer Europas sind."

Das ist ein sehr häufig benutztes Witzmuster, nicht nur von Thomas Gottschalk, sondern von den meisten Plaudertaschen aus dem deutschsprachigen Fernsehen.

Das, was offensichtlich für jedermann ersichtlich ist, wird absichtlich ins Gegenteil verkehrt und ausgesprochen. Der Ruf meiner geliebten Wahlheimat Schweiz im Ausland lässt sich in etwa so umschreiben: Der Schweizer gilt als geordnet, wohlhabend, zurückhaltend, sauber bis ins Detail, auf sich bedacht, arbeitsam, alles ernst nehmend, feiernd und tanzend nur in begründeten Ausnahmefällen … Eben gerade das andere Ende von dem, was man sich unter der typischen brasilianischen Lebensfreude vorstellt. Gottschalk spricht aber gerade das Gegenteil davon aus und es wirkt witzig.

Das Offensichtliche ins Gegenteil verkehren ist nicht genau dasselbe wie Ironie, obwohl es Berührpunkte hat.

„Oh, Herr Kaiser, ich weiß gar nicht, wie ein vollkommener Chef wie Sie es mit einer Person wie mir überhaupt aushalten kann."

Das ist Ironie. Natürlich meinen Sie mitnichten, dass Ihr Chef vollkommen ist. Wenn Sie ironisch sind, so verkehren Sie auch etwas ins Gegenteil, aber Sie nehmen dabei eben keinen für jedermann offensichtlichen Sachverhalt, sondern Ihre *persönliche* Meinung. *Sie* finden, dass Ihr Chef eine Null ist, aber Sie beschreiben übertrieben das Gegenteil, damit jedermann Ihre eigentliche Meinung erahnt.

Anders sieht es mit dem Offensichtlichen aus. Ein Beispiel: Ihr Chef kommt wieder mit einer Kleiderkombination daher, die schon in den 80er Jahren nostalgisch gewirkt hätte. Sie geben den Kommentar:

„Beim Chef sieht man heute wieder, dass er eigentlich das Zeug zum Haute-Couture-Berater hätte."

Diese Bemerkung ist mehr zum Schmunzeln, da jedermann dieselben Gedanken hat. Durch Ironie werden lediglich die hintersten Gedanken der sprechenden Person nach vorne geholt.

„Herr Kaiser, vielen Dank für Ihre wie immer vollkommene Lebenshilfe."

Das wirkt nicht so witzig wie beim Offensichtlichen. Dort werden die weit verbreiteten Gedanken von jedermann ins Gegenteil verkehrt.

In einer Firma wird für die Mitarbeiter ein Beauty-und-Wellness-Kurs angeboten. Die den Kurs organisierende Dame sagt mit einem Seufzer: „Sicher haben wir wieder nur Männer, die sich einschreiben."

Am Nebentisch im Restaurant spielt eine Band bei einem großen Bankett-Tisch „Happy Birthday".

→ **Wer wohl die Braut ist?**

Ein Mann schwankt Ihnen sturzbetrunken entgegen.
→ **Schade, dass er nie was trinkt!**

Ein schüchterner Junge spricht mit letztem Mut eine Frau an, die dreht sich wortlos um und geht.
→ **Ich weiß nicht, wie er das macht? Die Frauen liegen ihm immer zu Füßen.**

Ihre Aufgaben:

1. Sie sehen einen Autofahrer, der zum vierten Mal vergeblich versucht, in eine Parklücke zu stoßen.

2. Sie leiten einen Rhetorik-Kurs und suchen einen Freiwilligen zum Vortragen. Keiner meldet sich.

3. Jemand kommt mit einem nagelneuen Luxusauto vorgefahren.

Wie beurteilen Sie die Technik? Vergeben Sie Punkte zwischen 1 und 10.
Meine Punktzahl:

Mögliche Antworten zur Übung:

1. Faszinierend, wie er das immer wieder auf Anhieb schafft.
2. Ah, bitte nicht alle auf einmal!
3. Konnten Sie sich kein richtiges Auto leisten?

Feststellungsfragen: Die Kombination von Aussage und Frage (6)

„Sie tragen ja auch immer diese extravaganten Klamotten – also potthässlich will ich eigentlich sagen."

Diesen Angriff von Hermine Plaschke aus dem Spaßinterview von Radio Bremen mit Nils Burkelberg ganz am Anfang dieses Buches hätte der Angegriffene auch folgendermaßen kontern können:

→ **Sicher, wenn man mit seinem eingerosteten Geschmack vorgestern stehen geblieben ist, dann muss man so reden. Was tragen Sie denn für Kleider?**

In der Antwort wird erst dem Angreifer eine Unterstellung untergeschoben: „Sicher, wenn man mit seinem eingerosteten Geschmack vorgestern stehen geblieben ist, dann muss man so reden." Und anschließend wird eine Frage angehängt: „Was tragen Sie denn für Kleider?"

Wenn Sie eine Aussage plus anschließender Frage als Erwiderung geben, können Sie dem Angreifer richtig die Luft abschnüren.

In Ihrer Abteilung wird zu viel Ausschuss produziert.

→ **Das sind reine Vermutungen. Woher haben Sie diese Gerüchte?**

Die Kombination aus Feststellung und Frage ist eine der wirksamsten Methoden für schlagfertiges Kontern. Wir antworten, indem wir zunächst eine Aussage machen und unmittelbar danach eine Frage anhängen.

Können oder wollen Sie nicht besser?

→ **Ich kann wenigstens noch entscheiden. Von welchen Problemen wollen Sie hier ablenken?**

Standards

- Das ist deine persönliche Meinung. Kannst du auch andere Meinungen akzeptieren?
- Kommt drauf an. Mit was (wem) vergleichen Sie denn?
- Über den Witz lach ich später. Haben Sie nicht einen wirklich guten Spruch?

Irgendjemand bringt Sie mit einem Vorwurf in Bedrängnis. Sie machen eine klare Aussage, und danach hängen Sie eine Frage an. Die Aussage bleibt meist unwidersprochen, weil der Angreifer durch die angehängte Frage in den Antwortreflex kommt.

Ihre Aufgaben:

1. Mir ist aufgefallen, dass Ihre Arbeitsmoral gesunken ist.

2. Der Service war auch schon mal besser.

3. Können Sie Ihren Hund nicht an der Leine führen?

Wie beurteilen Sie die Technik? Vergeben Sie Punkte zwischen 1 und 10.
Meine Punktzahl: [ ]

Mögliche Antworten zur Übung:

1. Meine Arbeitsmoral ist völlig intakt. Leiden Sie darunter?
2. Alle anderen Kunden sind mit unserem Service sehr zufrieden. Was sollten wir bei Ihnen verbessern?
3. Mein Hund ist ein absoluter Menschenfreund. Haben Sie Haustiere?

Es gibt mehrere Arten von Feststellungsfragen als Konter.

Franz-Felix-Feststellungsfrage

Eine der elegantesten Arten der Feststellungsfragen ist die „Franz-Felix-Feststellungsfrage". (Benannt nach dem Erfinder, meinem Lizenznehmer Franz Felix.) Der erste Schritt: Sie wenden den Vorwurf ins Positive und unterstellen dem Angreifer, dass bei ihm alles zum Besten läuft.

In Ihrer Abteilung wird zu viel Ausschuss produziert.
→ **Bei Ihnen sind die Ausschussraten vorbildlich.**

Das ist die Feststellung. Der zweite Schritt: Sie fügen die Frage an, wie um Himmels willen er das hinkriegt. Zum Beispiel: „Wie machen Sie das?" Eine Frage, die ihn veranlasst, über sich selbst nachzudenken.

Jetzt das Ganze noch mal in einem Guss:

In Ihrer Abteilung wird zu viel Ausschuss produziert.

→ **Bei Ihnen sind die Ausschussraten vorbildlich. Wie machen Sie das?**

Psychologisch passiert dabei Folgendes: Der Angreifer macht einen Vorwurf. Dabei ist er geladen von negativen Gefühlen. Plötzlich wird aber von ihm geredet – und das auch noch positiv. Und jetzt kommt anschließend die Frage, die ihn quasi als Vorbild in den Mittelpunkt stellt – das ist zu verführerisch.

Jetzt könnten Sie fragen: Was soll's? Das kann ich Ihnen sagen. Der Angreifer ist unmerklich und elegant von seinem Vorwurf abgelenkt worden und aufgefordert, nun von sich zu sprechen. Sie sind nicht mehr das Opfer. Und Sie haben ihn gezwungen, in eine konstruktive Richtung zu antworten.

Können Sie das nicht deutlicher sagen?

→ **Sie drücken sich meistens deutlich aus. Seit wann haben Sie diese Fähigkeit?**

Das ist so elegant aufs Glatteis geführt, das merkt kaum einer.

Bleiben Sie doch mal sachlich.

→ **Ich bewundere Ihre Sachlichkeit. Wie schaffen Sie das immer?**

Standard

Ich bewundere, wie Sie das schaffen. Wie machen Sie das?

Ihre Aufgaben zum Üben:

Und wieder drei Aufgaben für Sie, liebe Leser. Versuchen Sie bitte selbst eine Antwort zu finden, indem Sie den Angreifer erst loben und ihn anschließend fragen, wie er das geschafft hat.

1. Das musste ja danebengehen. Wer das nicht studiert hat, dem fehlen natürlich die Grundlagen.

2. Lernen Sie erst einmal, was es heißt, selbstständig zu sein.

3. Ihre Zahlen stimmen nicht.

Wie beurteilen Sie die Technik? Vergeben Sie Punkte zwischen 1 und 10.
Meine Punktzahl:

Mögliche Antworten zur Übung:

1. Sie haben Ihr Studium abgeschlossen. War das nicht schwierig?
2. Gut, ich gebe zu, Sie können selbstständig arbeiten. Können Sie mir einen Tipp geben?
3. Ihre Zahlen sind immer gut recherchiert. Welche Quelle benutzen Sie?

Feststellungsfrage: Beobachten und kommentieren

Eine andere Art der Festellungsfrage ist die Folgende: Wir machen eine beliebige Aussage zu dem, was wir am Angreifer beobachten. Und dann hängen wir eine Frage an.

Meine Frage bleibt unbeantwortet: Wie wollen Sie das finanzieren?

→ **Sie lesen Ihre Fragen ab. Haben Sie ein schlechtes Gedächtnis?**

Mit dieser Antwort brauchen wir fast nicht auf den Vorwurf einzugehen. Wir bringen den Angreifer ganz einfach in den Verteidigungsreflex.

Meine Frage bleibt unbeantwortet: Wie wollen Sie das finanzieren?

→ **Sie wirken nervös. Was hat Sie unsicher gemacht?**

Wir schauen, was das Gegenüber gerade tut oder getan hat, und geben dazu einen Kommentar ab – dann hängen wir eine Frage an.

Hierzu muss man genau beobachten und einfach sachlich beschreiben, was man sieht, oder was man weiß. Daraus ziehen wir dann eine Schlussfolgerung und kleiden diese Schlussfolgerung in eine Unterstellungsfrage.

→ **Sie haben Ihren Stuhl zur Seite gerückt.**

Das ist die sachliche Beobachtung. Jetzt stellen wir uns die Frage. Was für einen negativen Sachverhalt kann ich daraus schließen? Und den kleiden wir in eine Unterstellungsfrage.

→ **Sie haben Ihren Stuhl zur Seite gerückt. Warum suchen Sie Distanz?**

→ **Gestern war ein Artikel über Sie in der Zeitung. Welchen Komplex wollen Sie mit Ihren Medienauftritten kompensieren?**

> **Standard**
> Sie wirken nervös. Was hat Sie unsicher gemacht?

Feststellungsfrage: Zurückweisen mit Unterstellungsfrage

Es gibt noch eine weitere Variante des Konterns mit einer Feststellungsfrage: Sie weisen die Anschuldigung kategorisch zurück und dann hängen Sie eine Unterstellungsfrage an. Das ist eine der härtesten schlagfertigen Antworten, die Sie geben können.

Sie wählen Ihre Mitarbeiter wohl nach dem Zufallsprinzip aus?

→ **Meine Mitarbeiter sind die besten in der Firma. Warum können Sie berufliche Qualifikationen nicht richtig beurteilen?**

Erst die kategorische Zurückweisung, „Meine Mitarbeiter sind die besten in der Firma.“ Dann die Unterstellungsfrage: „Warum können Sie berufliche Qualifikationen nicht richtig beurteilen?“

Mit Ihnen will doch niemand mehr zusammenarbeiten.

→ **Sie täuschen sich. Ich bin einer der beliebtesten in der Abteilung. Wieso konstruieren Sie falsche Zusammenhänge?**

Sie widersprechen sich. Vorhin sagten Sie, das sei ein Fehler.

→ **Da besteht absolut kein Zusammenhang. Wieso hören Sie nicht richtig zu?**

Standard
Damit liegen Sie leider falsch. Wollen oder können Sie mich nicht verstehen?

Ihre Aufgaben:

1. Das interessiert doch niemanden.

   ____

   ____

2. In der Praxis klappt das niemals!

   ____

   ____

3. Sie sind auch nur eine dieser hysterischen Frauen!

   ____

   ____

Wie beurteilen Sie die Technik? Vergeben Sie Punkte zwischen 1 und 10.

Meine Punktzahl: ☐

Mögliche Antwort zur Übung:

1. Das sehen Sie so. Objektiv interessiert es alle. Haben Sie richtig zugehört?
2. Natürlich klappt es. Wieso können Sie den Bezug zur Praxis nicht herstellen?
3. Das ist Ihre Meinung. Leiden Sie darunter?

Feststellungsfrage: Meine Interpretation plus Frage

Jeder Vorwurf basiert auf Indizien und Einschätzungen des Angreifers. Wir geben dem Angreifer unsere Interpretation, wie er zu dieser Aussage kommt, als Aussage und benutzen dabei die Formulierung „offensichtlich" – dann fügen wir eine Frage an.

Sie haben Geld aus der Kasse genommen.
→ **Sie vermissen offensichtlich Geld. Wie viel ist es?**

Ihre Zahlen stimmen nicht.
→ **Sie haben offensichtlich eine Abweichung entdeckt. Welche ist es?**

Im Aussageteil formulieren wir das Indiz, das unseren Angreifer offensichtlich zu dem Vorwurf gebracht hat.

Lernen Sie erst einmal, was es heißt, selbstständig zu arbeiten.
→ **Offensichtlich schätzen Sie nur Unternehmer in Ihrer Umgebung. Warum?**

Im Aussageteil können wir ihm aber auch seine scheinbaren Beweggründe als Unterstellung liefern.

Mit Ihnen will doch niemand zusammenarbeiten.
→ **Offensichtlich hetzen Sie die Leute gegen mich auf. Was macht Ihnen so viel Freude daran?**

Standard
Sie haben offensichtlich etwas nicht verstanden. Wo liegt Ihr Problem?

Hier wieder drei Angriffe für Sie zum Üben:

1. Man hört nur Beschwerden über Sie.

2. Sie sind heute Morgen wieder zu spät gekommen.

3. Ich frage mich, warum sie dich eigentlich angestellt haben?

Wie beurteilen Sie die Technik? Vergeben Sie Punkte zwischen 1 und 10.
Meine Punktzahl:

Hier mögliche Antworten auf die Übung:

1. Offensichtlich reden Sie nur mit wenigen Leuten. Was hat Sie dazu gebracht?
2. Offensichtlich sind Ihnen pünktliche schwache Mitarbeiter lieber als ein unpünktlicher fähiger Mitarbeiter. Könnte das nicht mal ins Auge gehen?
3. Offensichtlich willst du dich hier profilieren. Was denkst du, warum sie dich denn angestellt haben?

Feststellungsfragen sind eine sehr starke, universelle Antwortmethode. Sie können fast jede Technik mit einer angehängten Frage zu einer Feststellungsfrage machen. Im Laufe des Buches werde ich Ihnen immer dann, wenn dies möglich ist, einen Hinweis geben, wie man die vorgestellten Techniken zu einer Feststellungsfrage erweitert.

Mein Tipp:
Fast jede Technik dieses Buches können Sie durch Anhängen einer Frage zu einer Power-Feststellungsfrage umfunktionieren.

Zunächst aber noch eine andere Variante, wie Feststellungsfragen sinnvoll eingesetzt werden können. Hier dient die Feststellungsfrage nicht als Konter auf einen Angriff, sondern kann als Methode eingesetzt werden, andere dazu zu bringen, das zu tun, was man von ihnen will.

Feststellungsfrage als Methode zur Überzeugung

Erbost rief ich den Verleger an. Meinen Artikel für seine Zeitung *Noch erfolgreicher* hatte der Lektor so gekürzt, dass ein von mir entwickeltes Gleichnis wirkungslos geworden war. Ich hob den Hörer ab und wählte seine Nummer. Mein Ziel war es, in einer der nächsten Ausgaben Gelegenheit zu bekommen, einen weiteren Artikel zu verfassen. Am anderen Ende meldete sich der Verleger. Ich beschrieb ihm das Gleichnis in meiner Orginalversion und dann las ich ihm die Version vor, die der Lektor daraus gemacht hatte. Jetzt erwähnte ich in einem Nebensatz, dass es am besten sei, als Wiedergutmachung einen neuen Artikel zu schreiben. Ohne eine Zustimmung von ihm zu erhalten, diskutierten wir dann allerdings gleich weiter über ein anderes Thema. Ich wollte mich nun weiter vortasten und plante, ihn zu fragen, wann denn der Redaktionsschluss für die nächste Ausgabe sei. Aber bevor ich zu sprechen begann, erinnerte ich mich an meine eigene Regel und sagte mir: „Was willst du noch lange tasten? Schieb doch die Entscheidung als Aussage vorneweg und stell' dann erst die Frage. Dann wird's einfacher."

Gedacht, getan: Ich notierte kurz auf einen Zettel, was ich ihm sagen würde, wartete auf die nächste Gesprächsöffnung und sagte ihm schließlich:

„Ich schreibe dann einen neuen Artikel. Wann ist der nächste Redaktionsschluss?"

Seine Antwort: „Für die nächste Ausgabe ist's schon zu kurzfristig. Besser in der übernächsten." Voilà – ich hatte meinen zweiten Artikel. „Man muss es nur tun", dachte ich.

Dies ist eine der massiv steuernden Fragearten überhaupt. Eine Hardcore-Methode, die es Ihrem Gegenüber super-schwer macht, eine andere Position als Ihre zu beziehen. Es ist eine Variante der Feststellungsfrage. Diesmal aber nicht als Konter eingesetzt, sondern als Mittel, um einen zögernden Menschen zu einer Handlung zu bringen. Zur Wiederholung: Feststellungsfragen sind Fragen, bei der eine Aussage mit einer direkt darauf folgenden Frage kombiniert wird. Der Angesprochene konzentriert sich dann meist auf die Frage und akzeptiert dadurch die vorhergehende Aussage. Wie alle steuernden Fragearten funktioniert auch diese Frageart nur, wenn der Befragte schwankend oder zögernd ist.

Wie funktioniert nun die neue Frageart? Sie fällen für den anderen per Aussage eine *Entscheidung* und fügen direkt ohne Pause eine Frage an. Durch die Beantwortung der Frage steht die Entscheidung gar nicht mehr zur Diskussion und ist dadurch akzeptiert.

Angenommen, Sie sind eine Frau und werden von einem männlichen Kollegen zu seiner Privatparty eingeladen – allein! Sie würden aber gerne mit Ihrem neuen Freund kommen. Jetzt können Sie mit dieser neuen Feststellungsfrage gefahrlos auch Ihren Partner mit einladen, ohne Widerstände befürchten zu müssen.

> Sie sagen:
> „Ich komme mit meinem Freund."
> Das ist die Aussage, die eine Entscheidung einschließt. Und dann die Frage: „Kennst du meinen Freund?"

Jetzt wird der Partyveranstalter erst einmal die Frage beantworten – und die Aussage, die im Fahrwasser der Frage mitschwimmt, ist damit akzeptiert. Ein anderes Beispiel:

> Der Vater möchte, dass der Sohn die Mülltonne runterträgt. Er ruft zur Mutter: „Kannst du bitte Thomas sagen, er soll die Mülltonne runtertragen."
> Die Mutter antwortet: „Er ist gerade beschäftigt und kann nicht. Wann kannst du?"

Die Entscheidung, dass Thomas jetzt dafür nicht zu haben ist, wird durch die anschließende Frage zu einer fast unumstößlichen Tatsache.

> Sie sitzen gemütlich, entspannt und bequem vor dem Fernseher. Ihr Partner fragt Sie von der Küche aus: „Kannst du mich nicht schnell in die Stadt fahren?" Unlust steigt in Ihnen auf. Zu spannend ist der Film, zu gemütlich ist's auf der Couch. Sie antworten: „Nimm doch bitte ein Taxi."
> Und fügen gleich die Frage an: „Wann kommst du denn wieder zurück?"

Wieder drei Situationen zum Üben für Sie:

1. Fällen Sie eine Entscheidung, dass eine Firma, die Sie einlädt, auch die Reisekosten übernimmt.

2. Fällen Sie eine Entscheidung, dass eine Person des anderen Geschlechts mit ihnen zusammen ausgeht.

3. Fällen Sie eine Entscheidung, dass Ihnen ein Kollege beim Umzug hilft.

Wie beurteilen Sie die Technik? Vergeben Sie Punkte zwischen 1 und 10.
Meine Punktzahl:

Hier mögliche Antworten auf die Übung:

1. Sie übernehmen also die Reisekosten. An wen soll ich die Aufstellung schicken?
2. Ich hol dich um 8 Uhr ab. Mit welchem Auto fahren wir?
3. Du fährst am besten den Lieferwagen. Kommst du danach auch zur Einweihungsparty?

III. Die sechs Spitzentechniken der Schlagfertigkeit

Die Schlagfertigkeit besteht aus Techniken sowie aus Grundhaltungen und Einstellungen. Unter all den vielen Techniken habe ich sechs für Sie ausgewählt, die ich als Spitzentechniken erachte. Das sind erprobte Methoden der Schlagfertigkeit, die sowohl äußerst wirksam als auch gleichzeitig universell einsetzbar sind.

Ich empfehle Ihnen, ein besonderes Augenmerk darauf zu legen. Denn sie klappen einfach hervorragend und haben eine durchschlagende Außenwirkung. Diese Techniken sind deshalb auch ausführlicher in diesem Buch beschrieben.

Ich will Sie an dieser Stelle noch einmal darauf aufmerksam machen, dass Sie sich zum Schluss wieder nur drei Techniken einprägen sollen.

Voll zustimmen (7)

Die Journalisten im Saal warteten auf die Hauptperson. Der Saal war gerammelt voll. Die Fernsehkameras waren auf das Podium gerichtet. Gleich würde er zu seiner mit Spannung erwarteten Medienkonferenz erscheinen. Zum ersten Mal in der Geschichte übertrug das staatliche Fernsehen eine Medienkonferenz live im ganzen Land. Alle Fernsehstationen des Landes und sogar etliche ausländische Sender hatten ein Kamerateam geschickt.

Vier Monate war der Mann im Ausland untergetaucht. Während seiner Abwesenheit war er *das* herausragende Medienereignis gewesen. Es verging fast kein Tag, an dem er nicht in den Titelschlagzeilen im ganzen Land gestanden hätte. Immer und immer wieder wurden neue Details der Affäre enthüllt. In den Titelstorys der großen Nachrichtenmagazine schnüffelten die Journalisten in seinem Privatumfeld und fanden einen Zeugen nach dem anderen, der belegen konnte, dass dieser Mann wahrscheinlich gelogen hatte. Es war immer belastender für ihn geworden.

Dann betrat er plötzlich den Saal. Ein Blitzlichtgewitter brach los. Alle Kameras surrten. Er setzte sich hin und lächelte entwaffnend. Mit einem Lächeln begann er sein vorbereitetes Statement abzugeben. Der entscheidende Satz, auf den alle warteten, war: „Ja, ich habe im privaten Umfeld Kokain genommen – und jetzt bitte Ihre Fragen." Den Journalisten fiel bei so viel entwaffnender Offenheit schon fast keine Frage mehr ein, aber Christoph Daum, der vom Deutschen Fußballbund bestimmte zukünftige Fußball-Nationaltrainer, beantwortete jede Frage mit derselben Offenheit und Ehrlichkeit, wie er sein anfängliches Eingeständnis abgegeben hatte.

Schließlich meldete sich ein Journalist zu Wort, der Daum doch noch mit einer kompromittierenden Frage in

Verlegenheit bringen wollte: „Herr Daum, dann haben Sie aber damals gelogen.“

Christoph Daum mit einem Lächeln: „Ja, genau das hab ich.“ Und wandte seinen Blick sofort zum nächsten Fragesteller. Der Journalist war perplex.

Dies ist eine Spitzenmethode der Schlagfertigkeit. Wenn Sie unerwartet zu einem Vorwurf stehen, der Ihnen gemacht wird, läuft der Angreifer gegen eine unüberwindliche Mauer.

Christoph Daum hatte während seinem Aufenthalt in den USA offensichtlich die besseren Berater als zu der Zeit in Deutschland, wo er noch durch eine Haaranalyse beweisen wollte, dass er drogenfrei sei. Nun stand er einfach zu den Vorwürfen, die ihm gemacht wurden. Und nur noch einen weiteren Tag lang war er in den Titelschlagzeilen. An den darauf folgenden Tagen war er für die Journalisten uninteressant geworden.

Die Taktik, die er anwendete, ist auch für Sie eine umwerfende Taktik.

Sie sind unangreifbar, wenn Sie unerwartet zu dem stehen, was der andere Ihnen vorwirft. Das ist, als ob plötzlich eine dicke Mauer vor dem Angreifer hochgezogen wird, durch die der andere mit seinen Angriffen nicht mehr hindurch kann.

Sammy bekommt plötzlich zugekniffene Augen. Er hat wieder ein Opfer erspäht. Er wühlt sich durch das Gedränge der Bar. Die zwei Frauen stehen an der Theke und unterhalten sich. Gefallen würde ihm die Blonde. Sammy bleibt im Abstand von einem halben Meter von ihnen entfernt stehen und überlegt, mit welchen Spruch er sich in deren Gespräch einklinken könnte. Plötzlich hört er die eine sagen: „... er arbeitet im Moment als Fotomodell.“

Sammy fällt den beiden ins Wort: „Ah, ich höre, ihr sprecht von mir?“

Die beiden Frauen schauen verblüfft zu ihm und lachen herzhaft über seinen Gag. Sammy ist wie gewohnt mit einem Schlag im Gespräch der anderen. Aber es läuft heute trotzdem nicht so, wie er es sich wünschen würde. Denn nach kurzer Zeit erwähnt die Blonde wie beiläufig, dass sie einen Freund hat. Sammy weiß, dass er hier keine weitere Energie mehr verschwenden darf, klinkt sich aus dem Gespräch aus und schaut wieder mit seinem Jägerblick in der Bar umher. Die Blonde fühlt sich übergangen, will ihm eins auswischen und sagt: „Du bist doch nur hier, um Frauen abzuschleppen."

Sammy antwortet: „Ja klar, zu was denn sonst?" und geht weiter seines Weges.

Kein Angriff hat mehr Bestand, wenn der Angegriffene sich weigert, die Moralvorstellungen des Angreifers zu übernehmen. Sie sind nur dann angreifbar, wenn Sie die Werteordnung des Angreifers übernehmen. Wenn Sie einfach voll und ganz zu sich stehen, zu dem, was Sie tun, was Sie sind und was Sie darstellen, kann man Sie nicht mehr angreifen. Ob Sie Übergewicht haben, Pornos schauen, einen über den Durst trinken oder als Frau gerne öfter Ihre Männer wechseln – kein Vorwurf hat mehr Bestand, wenn Sie zu sich stehen und keine Erklärungen abgeben.

Sie haben ja nicht mal Abitur.

→ **Daran werden Sie sich gewöhnen müssen.**

Das volle Zustimmen zum Vorwurf macht den Angreifer perplex. Nicht Sie, sondern der Angreifer bleibt sprachlos.

Eine Buchhändlerin erzählte mir folgende Geschichte. Bei ihr im Buchladen war die inzwischen verstorbene Lilli Palmer. Zahlreiche Menschen warteten in einer langen

Schlange, um von ihr ein Buch signiert zu bekommen. Plötzlich kommt eine Dame an die Reihe und sagt zu Lilli Palmer: „Sie sehen aber noch gut aus – sind Sie schon geliftet?“

Die Buchhändlerin, die daneben stand, wollte sterben vor Peinlichkeit. Lilli Palmer antwortete: „Gut geworden – oder?“

Ist das nicht wohltuend, wenn einer so zu sich steht? Das sollen auch Sie tun.

Diese Technik ist so einfach, dass es schon fast weh tut. Sie sagen zu dem Vorwurf einfach „Ja, stimmt. Genau so ist es, das haben Sie gut beobachtet ...“. Und schon sind Sie aus dem Schneider.

Ihre Firma ist doch nur am Gewinn interessiert.

→ **Na klar, an was denn sonst?**

Die meisten Menschen würden sich hier rechtfertigen. Tun Sie das ja nicht. Wichtig ist, dass Sie *keine* Erklärung nachschieben.

Ihr Lehrer habt’s gut. So viele Ferien möcht ich auch mal haben.

→ **Hätten Sie was Gescheites gelernt, hätten Sie auch so viele Ferien.**

Keine Technik passt ja in 100 Prozent der Fälle. Diese besonders nicht. Nur in etwa einem Drittel der Fälle ist dies die richtige Methode. Aber bei dem Drittel ist sie genau der Hammer, der auf den Nagel trifft. Zwei Bedingungen müssen erfüllt sein, wenn Sie die Technik „Voll zustimmen“ anwenden wollen.

Erstens: Der Vorwurf muss inhaltlich stimmen. Zweitens: Es darf keine Wertung im Vorwurf sein.

Wenn jemand sagt: „Sie haben aber zugenommen in den Ferien“, da können Sie ohne weiteres antworten: „Na klar, sieht man das nicht?“ Wenn er aber sagt: „Sie sind eine fette Sau geworden“, so ist eine Wertung drin – da stimmen wir natürlich nicht mehr zu. Dasselbe gilt beispielsweise, wenn der Vorwurf kommt: „Sie schlagen doch Ihre Kinder“, und das ist falsch, dann sagen Sie natürlich nicht: „Ja, genau.“ Wenn Sie sie aber schlagen, dann stehen Sie dazu und sagen: „Klar tu ich das, Sie etwa nicht?“ Keine Erklärung dahinter, keine Rechtfertigung!

Haben Sie mal wieder durchgefeiert?
→ **O ja, das hab ich.**

Nicht mehr rechtfertigen, nicht mehr herausreden, keine Erklärungen geben, wo es nichts zu erklären gibt. Das sind die Grundhaltungen, die dahinter stehen. Die sind wichtiger als die Techniken. Sie sollen zu sich stehen, so wie Sie sind, was Sie tun und machen, was Sie darstellen und zu der Körperlichkeit, die Ihnen nun mal zu eigen ist. Es sind die selbstbewussten Menschen, die so etwas tun. Das Problem der meisten Leute ist, dass sie zu viel erklären – sie fallen zu häufig in den Rechtfertigungsmodus.

Klaus Wowereit reagierte vor seiner Wahl zu Berlins Regierendem Bürgermeister auf Gerüchte, er sei homosexuell: „Ich bin schwul und das ist auch gut so.“

Keine Erklärung, keine weitere Rechtfertigung, kein Herausreden. Er wäre niemals zum Bürgermeister gewählt worden, wenn er eine wie auch immer geartete Begründung nachgeschoben hätte oder gar versucht hätte, es zu vertuschen. Wir mögen es, wenn Leute zu sich stehen. Und das ist auch die Strategie für Sie.

Du kaufst dir ja schon wieder ein neues Kleid.
→ **Ja na klar, was denn sonst?**

Immer musst du anderen Frauen nachschauen.
→ **Ja, selbstverständlich.**

Der Einkäufer zum Verkäufer: Sie wollen mir doch nur was verkaufen.
→ **Absolut – das ist sogar mein Beruf!**

Versuchen Sie diese Strategie mal auf folgenden Vorwurf anzuwenden:

„Sie sind aber teuer." Und jetzt sagen Sie nur: „Ja, das ist so." Und keine Erklärung, keine Rechtfertigung, kein „aber". Hier zucken die Verkäufer unter meinen Lesern zusammen, das weiß ich. Die wollen so was Ähnliches nachschieben wie: „Qualität hat ihren Preis." Aber das ist das, was der andere erwartet und schon 1.000 Mal gehört hat. Damit gewinnen Sie keinen Blumentopf mehr. Diese neue Art des Antwortens hat eine andere Qualität. Sie erklären nichts, sondern sagen nur: Ja. Im Kopf des Angreifers entsteht jetzt ein Gedanke, der in die Richtung geht:

Standards

- Ja klar, sieht man das nicht?
- Daran werden Sie sich gewöhnen müssen.
- Das sehen Sie absolut richtig.
- So ist es – und es ist gut so.
- Was Sie nicht sagen.
- Das haben Sie gut erkannt (beobachtet).
- Ja, na logisch.
- Gott sei Dank!
- Na selbstverständlich, was dachten Sie denn?

„Scheinbar kann er sich's leisten“ – das ist viel wertvoller, als wenn Sie es selbst aussprechen.

Das volle Zustimmen kann auch im Humor aufgelöst werden. Selbst wenn der Vorwurf wertend oder falsch ist.

Auf einer Medientournee durch die großen deutschen Städte, bei der man von mir präparierte Studenten angreifen und 10 Mark gewinnen konnte, falls ihnen keine Antwort mehr eingefallen war, kam folgender Angriff eines Passanten: „Sie stehlen mir hier nur die Zeit!“ – Antwort meines Studenten: „Ja, genau das tu' ich.“

Wenn ein Teilnehmer meiner Seminare mit dem Vorwurf kommt: „Herr Pöhm, da bin ich aber anderer Ansicht“, stimme ich ihm bisweilen zu, indem ich erwidere: „Damit kann ich leben.“

Sie sind doch absolut mediengeil!
→ **Genau, absolut, das bin ich!**

Voll zustimmen als Feststellungsfrage

Sie können aus der vollen Zustimmung auch eine Feststellungsfrage machen, indem Sie wie immer eine Frage hinten anfügen. Damit machen Sie die Methode zu einer Bombe.

Sie stehlen mir hier nur die Zeit.
→ **Ja, genau das tu ich. Wissen Sie überhaupt, wer ich bin?**

Sie haben eine Freundin, die ist viel älter als Sie.
→ **Ja, klar. Was dachten Sie denn?**

Ihre Aufgaben:

Hier wieder drei Angriffe, die Sie bitte selbst mit einer vollen Zustimmung beantworten sollen. Danach versuchen Sie bitte, an alle im Kapitel erwähnten Beispiele nach der zustimmenden Aussage noch eine Frage dranzuhängen.

1. Du bist ein Streber.

   ____

   ____

2. Sie haben wieder zwei Parkplätze versperrt.

   ____

   ____

3. Sie können ja nicht mal richtig Deutsch.

   ____

   ____

Wie beurteilen Sie die Technik? Vergeben Sie Punkte zwischen 1 und 10.
Meine Punktzahl: ☐

Mögliche Antworten für die Übung:

1. Ja genau, das bin ich.
2. Ja genau, das sehen Sie richtig.
3. Wieso auch?

Rückfragen (8)

Die Gemeinderatskandidatin klingelt an der Tür. Wie jeden Abend macht sie ihre Hausbesuche in der Kleinstadt, in der in zwei Monaten die Gemeinderatswahl stattfinden wird. Schon bei zehn Häusern hat sie sich heute vorgestellt, um bei den Wählern Bekanntheit und Sympathie für sich zu gewinnen. Politische und ideologische Diskussionen vermeidet sie dabei strikt, denn sie weiß, dass sie das nur angreifbar macht und ihr keine einzige Wählerstimme bringen wird. Diesmal macht ein Herr die Tür auf. Wie immer sagt sie ihren Anfangsspruch und beginnt mit dem Bewohner einen Dialog jenseits der Politik. „Ich schenke Ihnen was, Sie müssen sich nur meinen Namen merken. Ich heiße YRSA BETTINA BAEHR ...“ Doch der Mann in der Tür fragt sie plötzlich: „Glauben Sie an Gott?“ – „O je, Glatteis!“, denkt sie, erwidert aber nach einer kurzen Schrecksekunde: „Gehen Sie jeden Sonntag in die Kirche?“ Der Herr antwortet: „Nein, das nicht, aber man kann ja seinen Glauben leben, ohne in die Kirche zu gehen.“ „Sehen Sie, so geht es mir auch.“ Das Gespräch geht danach mit dem ursprünglichen, unverbindlichen Thema weiter. Wieder einmal hat sie elegant die Kurve gekriegt und jede inhaltliche Diskussion vermieden.

Glauben Sie an Gott?
→ **Gehen Sie jeden Sonntag in die Kirche?**

Die Gemeinderatskandidatin hat eine Strategie benutzt, die zu den wirksamsten Methoden der Schlagfertigkeit gehört. Sie kontern mit einer Rückfrage! Sie hören eine Frage, einen Vorwurf oder eine Unterstellung und schicken ganz einfach eine Frage zurück. Der Angreifer gerät dadurch sofort in den Antwortreflex. Und mit einem Schlag ist die Rolle von Angreifer und Verteidiger vertauscht.

Viele meinen, es muss zuerst eine Frage gestellt worden sein, damit sie mit einer Gegenfrage kontern können. Nein, rückfragen können Sie sowohl bei Fragen als auch bei Aussagen. Rückfragen können Sie immer!

Während meines Seminars erklärte ich meinen Teilnehmern gerade die Strategie „Eine Lösung in der Zukunft anbieten". Ein Teilnehmer meldete sich aufgebracht zu Wort: „Wenn ich Ihre Technik anwende, dann ist doch mein Ruf als Chef dahin. Die Leute denken, der redet sich nur raus." Sonst kontere ich an dieser Stelle mit einem bildhaften Vergleich, diesmal aber fragte ich lapidar: „Haben Sie einen besseren Vorschlag?" Seine Antwort war nach kurzem Schweigen „Nein" und ich konnte mit meiner Erklärung fortfahren.

Das sagt doch jeder.
→ **Ist eine Wahrheit falsch, nur weil sie jeder wiederholt?**

Ihr Konzept hat viele Schwachpunkte.
→ **Welche starken Punkte hat es denn gleichzeitig?**

Die Schuhe passen nicht zu deinem Pullover.
→ **Wie sollten meine Schuhe deiner Ansicht nach denn aussehen?**

Es gibt eine hilfreiche Vorstellung, um das Rückfragen bei Ihnen als Reflex zu etablieren. Versetzen Sie sich mental in die Position eines Reporters, der seinen Gesprächspartner interviewt. Wenn Sie irgendwo im Dialog sind, denken Sie, Sie wären ein Journalist, der ein Interview führt. Damit sind Sie automatisch in der Initiative. Und Sie lassen sich nicht durch Fragen oder Aussagen des Gegenübers das Zepter aus der Hand nehmen – Sie fragen immer, weil Sie der „Reporter“ sind. Bei jeder Aussage des anderen müssen Sie wieder die Regie des Gesprächs in die Hand bekommen.

Die Rückfragemethode eignet sich natürlich auch, um freche, witzige Repliken zu platzieren.

Sie feiern ja schon wieder ein Fest.
→ **Was soll ich denn sonst feiern?**

Herr Ober, da liegt ein Haar in der Suppe.
→ **Ist es gekräuselt?**

Nehmen wir an, Sie haben Ihre Hochzeit beschlossen. Je näher der Termin rückt, desto größer werden Ihre Zweifel, ob das wirklich die richtige Entscheidung war. Sie bleiben zögerlich, bis zum Traualtar. Als der Pfarrer die Frage stellt: „Möchtest du, Heinz, die hier anwesende Eva zur Frau nehmen?“ antworten Sie:

„Welche Antwortmöglichkeiten hab ich?“

Die Rückfrage erlaubt es Ihnen, einen wichtigen Grundsatz der Schlagfertigkeit umzusetzen:

Es gibt keinen Verlierer, es gibt immer nur *Verhalten* als Verlierer.

Sie müssen niemals in der Kommunikation aufgeben, egal wie hoch Ihnen das Wasser am Hals steht. Sie können immer initiativ bleiben. Mit Rückfragen gelingt es Ihnen, dieses Prinzip umzusetzen.

Standards

- Können Sie das präzisieren?
- Wo liegt Ihr Problem?
- Worauf wollen Sie hinaus?

Zum Üben:

Hier jetzt wieder drei Angriffe, die Sie bitte selbst mit Rückfragen beantworten sollen.

1. Sie haben die Intelligenz einer Kaulquappe.
2. Du bist schon wieder betrunken.
3. Sie könnten sich wieder mal rasieren.

Wie beurteilen Sie die Technik? Vergeben Sie Punkte zwischen 1 und 10.
Meine Punktzahl:

Mögliche Antworten für die Übung:

1. Worauf wollen Sie hinaus?
2. Welche Sorgen haben Sie noch?
3. Haben Sie keinen Bartwuchs?

Die große Frage ist, wie man nun auf solche Rückfragen kommen kann. Hier gibt es einige Systematiken, wie Sie immer clevere Rückfragen finden können.

Die Lösung nachfragen: „Wie müsste es aussehen …?"

Das gefällt mir nicht, was Sie da anhaben.
→ **Was würde Ihnen denn gefallen?**

Dies ist eine der verbindlichsten und positivsten systematischen Rückfragen, die es gibt. Sie bitten den anderen mit einer Rückfrage, selbst die Lösung für sein dargestelltes Problem zu liefern.

Sie finden sehr leicht eine gute Antwort in der Richtung, wenn Sie sich den Satz „Wie hätten Sie's denn gerne" im Geiste zurechtlegen und dann einfach konkreter nachfragen. Versuchen Sie's gleich mal mit nachfolgendem Angriff.

Das war aber überhaupt nicht schlagfertig.
→ **Wie müsste denn Ihrer Ansicht nach eine schlagfertige Antwort aussehen?**

Oder in kürzerer Form
→ **Was wäre denn schlagfertig?**

Triggersätze
- Wie müsste es denn aussehen ...
- Was müsste denn sein, ...

Um diese Art der Rückfrage zu formulieren, ist es hilfreich, wenn man die Worte „Wie müsste es denn aussehen ..." oder „Was müsste denn sein, ..." an den Satzanfang stellt.

Warum haben Sie in der Projektleitung versagt?

→ **Wie müsste es denn aussehen, wenn die Projektleitung gute Arbeit geleistet hätte?**

Oder in kürzerer Form:

→ **Wie müsste denn eine gelungene Projektleitung aussehen?**

Sie sind inkompetent.

→ **Was müsste sein, damit ich kompetent auf Sie wirke?**

Oder in kürzerer Form:

→ **Wie sieht denn ein Kompetenter aus?**

Das war ein mäßiger Vortrag.

→ **Wie müsste denn ein guter Vortrag aussehen?**

Dies ist die cleverste Rückfrageart, wie ich finde. Sie fordern Ihr Gegenüber auf, Ihnen zu begründen, warum das Gegenteil des Vorwurfs zutrifft. Dazu müssen Sie genau hinhören und das Gegenteil dessen formulieren, was er als Vorwurf vorträgt.

Sie drehen das Negative einfach ins Positive um, aus einem „mäßigen Vortrag" machen Sie in der Rückfrage einen „guten Vortrag" und fragen nach, wie der aussehen soll.

Mit Ihrem Verhalten stören Sie jede Diskussion.

→ **Wie müsste denn Ihrer Ansicht nach ein Verhalten aussehen, das die Diskussion stützt?**

Aus einem Verhalten, das „stört“, machen Sie in der Rückfrage ein Verhalten, das „stützt“.

Einfach wird es, wenn im Vorwurf bereits ein „nicht“ drinsteckt. Da lassen Sie das „nicht“ weg und schon haben Sie das Gegenteil.

Das ist überhaupt nicht sexy, was Sie da anhaben.

→ **Wie müsste es denn aussehen, damit es auf Sie sexy wirkt?**

Oder in kürzerer Form:

→ **Was wäre denn sexy?**

Mit dieser Art der Rückfrage wirken Sie sehr souverän und verbindlich. Stellen Sie sich vor, während eines Meetings sagt ein Kollege zu Ihnen: „Ihre Zahlen stimmen nicht“, und Sie erwidern mit klarem Blick: „Wie müssten die Zahlen Ihrer Ansicht nach denn aussehen, Herr Kollege?“ Das wirkt einfach souverän.

Wichtig ist bei dieser Art der Rückfrage, dass Sie noch die Formulierung „Ihrer Ansicht nach“ oder „Ihrer Meinung nach“ einfügen. Denn erst damit sind Sie komplett aus der Schusslinie.

Sind Sie überhaupt qualifiziert für den Job?

→ **Wie müsste denn Ihrer Ansicht nach meine Qualifikation aussehen?**

Wenn Sie hingegen nur sagen würden: „Was wäre denn eine bessere Qualifikation?“ ist das quasi schon ein Schuldanerkenntnis.

Bei dieser Rückfragemethode soll der andere gefälligst eine Lösung für das Problem liefern, das er sieht. Das ist auch gleichzeitig die Rückfragemethode, die die beste Verbindung zum Angreifer schafft. Sie bringen ihn quasi dazu, Steine in das Bachbett zu legen, auf denen Sie dann zu ihm rüberlaufen können.

Wieso reicht Ihr Geld nur bis zur Monatsmitte?
→ **Welchen Vorschlag haben Sie, dass es bis Monatsende reicht?**

Sie fokussieren den Angreifer auf die Lösung!

Was würden Sie tun, wenn Ihnen gekündigt würde?
→ **Welche Voraussetzungen braucht es, dass mein Arbeitsplatz sicher bleibt?**

Für diese spezielle Rückfragetechnik gibt es vier Standards, die auf die meisten Angriffe als Antwort passen. Nehmen Sie doch bitte jetzt wahllos einige Angriffe dieses Kapitels heraus, und überprüfen Sie, ob das wirklich zutrifft.

Standards
- Wie müsste es aussehen, damit Sie nicht mehr diesen Eindruck haben?
- Wie könnten wir's zum Besseren wenden?
- Welche Lösung schlagen Sie vor?
- Wie hätten Sie's denn gerne?

Ihre Aufgaben:

Hier nun drei Angriffe für Sie zum Üben. Bitte wählen Sie Rückfragen für Ihre Erwiderungen.

1. Sie unterdrücken Ihre Mitarbeiter!

2. Das sagt doch jeder.

3. Wo liegen die Gründe dafür, dass Sie die Wahl verloren haben?

Wie beurteilen Sie die Technik? Vergeben Sie Punkte zwischen 1 und 10.
Meine Punktzahl:

Mögliche Antworten für die Übung:

1. Wie sollte man denn Ihrer Ansicht nach die Mitarbeiter behandeln?
2. Was müsste ich sagen, das nicht jeder sagt?
3. Was meinen Sie denn, wie wir die Wahl hätten gewinnen können?

Vom Vorwurf ablenken: „Wie machen Sie's denn?"

Sie haben sich ganz schön verändert.

→ **Welche Veränderungen haben *Sie* denn mitgemacht?**

Mit dieser Methode haben Sie eine brillante Möglichkeit, einen Angreifer aus seinem Angriffs-Rollenmuster zu kippen. Der Zweck ist, dass er mit einer geschickt gestellten Frage möglichst von seiner Angriffsabsicht abgelenkt wird. Der Trick besteht darin, ihn irgendetwas aus dem Nahbereich des Angriffs, auf ihn bezogen, zurückzufragen. *Er* wird dabei in den Mittelpunkt der Frage gestellt. Wichtig ist, dass er über sich selbst nachdenken muss.

Du trinkst zu viel.

→ **Was trinkst du denn am Wochenende?**

Sie haben sehr lange telefoniert.

→ **Wie lange telefonieren Sie denn immer?**

Wir machen uns ein Phänomen des menschlichen Geistes zu Nutze. Sie kennen das sicherlich. Stellen Sie sich vor, Sie sitzen mit jemandem zusammen und unterhalten sich angeregt. Versuchen Sie einmal nach einer halben Stunde Gesprächsverlauf die Frage zu stellen: „Was haben wir eigentlich vor zehn Minuten geredet?". Sie werden nur achselzuckendes Kopfschütteln ernten. Der Mensch lässt sich sehr leicht von einem Thema zum anderen führen, ohne sich daran zu erinnern, was vorher geredet wurde. Das nutzen wir schamlos aus. Wir lenken den Angreifer nur einmal mit einem dezenten Themenwechsel von seinem Vorwurf ab, in der sicheren Annahme, dass er danach nur sehr schwer dorthin wieder zurückfinden wird. Daher stellen wir ihm eine Frage, nach der er über sich selbst Auskunft geben soll.

Bei dieser Art der Rückfrage ist meist das Wort „Sie" oder „Ihnen" stark betont.

Sie leiden wohl unter der Rezession?
→ **Leiden *Sie* denn darunter?**

Ist dir mit deinen Motorradklamotten nicht heiß?
→ **Ab wann wird's *dir* denn heiß?**

Noch wirksamer wird es, wenn wir seinen geschätzten Rat erfragen. Wir tun so, als ob *er* frei von dem „Laster" wäre, das er uns vorwirft. Wir fragen nach, wie *er* es schafft, quasi ohne diesen „Tadel" zu sein. Es ist zu verführerisch, wenn man eine Frage gestellt bekommt, nach der man selbst über seinen bedeutenden Erfahrungsschatz Auskunft geben soll. Wir sind alle viel zu eitel, als dass wir dann nicht bereitwillig auf diesem roten, samtenen Teppich in eine andere Richtung laufen würden.

Als Einstiegs-Formulierung eignet sich dabei oft: „Wie schaffen Sie es …"

Sie haben das Taktgefühl einer Dampfwalze.
→ **Wie schaffen Sie es, Ihre Erregung im Griff zu behalten?**

Sie leiden wohl unter der Rezession?
→ **Wie schaffen Sie es, bei der Rezession gute Geschäfte zu machen?**

Ziel ist es, den Angreifer quasi aus den Gleisen zu kippen. Er soll abgelenkt werden und seinen Angriff vergessen. Entweder, indem wir eine sachliche Information aus dem Umfeld des Angriffs erfragen …

Triggersätze
- Wie machen Sie's denn …
- Wie schaffen Sie es …

O je, du siehst noch verschlafen aus. Bist du gerade erst aufgestanden?
→ **Wann bist du denn heute morgen aufgestanden?**

... oder wir stellen ihm eine schmeichelnde Frage, in der er um seinen geschätzten Rat gefragt wird.

Sie haben wirklich eine mangelnde Menschenkenntnis.
→ **Wie haben Sie denn Ihre Menschenkenntnis erworben?**

Standards
- Wie handhaben Sie es denn?
- Wie hätten Sie's denn gemacht?

Ihre Aufgaben:

Bitte erwidern Sie die Vorwürfe mit einer ablenkenden Rückfrage.

1. Bei Ihnen war ja gestern ganz schön der Teufel los.
2. Du könntest wieder mal dein Auto putzen.
3. Die Schuhe sehen billig aus.

Wie beurteilen Sie die Technik? Vergeben Sie Punkte zwischen 1 und 10.
Meine Punktzahl:

Mögliche Antworten zu den Übungen:

1. Wie verlief denn das letzte Fest bei Ihnen?
2. Wie oft wäschst du denn dein Auto?
3. Wo suchen Sie denn Ihre Schuhe aus?

Das verzerrte Gegenteil: „Wäre Ihnen ... lieber?"

„Wird sie es heute wieder sagen?" Sandra rückt unruhig auf ihrem Stuhl hin und her. Nervös schaut sie zum x-ten mal auf ihre Uhr. „Eigentlich sollte sie doch schon längst da sein." Gerade heute, wo sie doch endlich eine Strategie dagegen entwickelt hat, kommt sie später als erwartet. Aber diesmal ist Sandra vorbereitet. Immer hat sie sich gerechtfertigt. Immer hat sie Erklärungen abgegeben und sich danach immer schlecht gefühlt. Diesmal wird sie ihrer Mutter etwas erwidern. Diesmal wird sie ihre Frau stehen.

Da hört sie die wohlbekannten Schritte. Die Tür geht auf und ihre Mutter kommt herein. Sie murrt ihr ein gespielt freundliches „Guten Morgen, Sandra" entgegen und dann kommt wieder der bekannte prüfende Blick: „Na, du hast dich ja noch nicht mal abgeschminkt. Hast du letzte Nacht wieder durchgefeiert?" Doch jetzt bricht es aus ihr heraus: „Mama, wäre dir eigentlich lieber, ich wäre ein Mauerblümchen, das jeden Abend zu Hause bleibt und froh ist, wenn einmal im Monat jemand anruft?" Die Mutter schaut sie einen langen Moment verdutzt und schweigend an. „Hast ja Recht, mein Kind, lieber ist's mir schon so wie jetzt." Sandra kann es nicht fassen. Sie hat ihre Mutter „gekauft".

Die Methode „Wäre Ihnen ... lieber?" ist eine der schönsten Rückfragetechniken der Schlagfertigkeit. Sie bringt den Angreifer nicht nur zum Schweigen, sondern kann ihn auch auf einer tiefen Ebene von Ihrem Argument überzeugen.

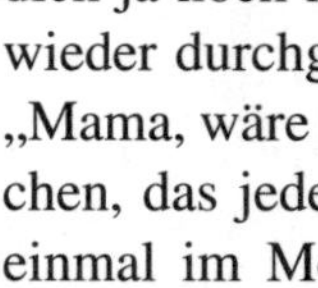

Du bist ein Geizkragen!

→ **Wäre Dir lieber, ich wäre am Monatsersten immer pleite?**

Dies ist eine Form der Rückfrage, der ein ganz bestimmtes Prinzip zu Grunde liegt. Sie verkehren den Vorwurf ins

Gegenteil und verzerren das Gegenteil nun so, dass es hässlich wird. Jetzt fragen Sie nach, ob dem anderen lieber wäre, wenn Sie wie die hässliche Variante wären.

Ihr Projekt dauert schon viel zu lange.
→ **Wäre Ihnen lieber, ich würde Ihnen einen fehlerhaften Schnellschuss liefern?**

Dem Vorwurf wird durch dessen überzogenes Gegenteil eine extreme Alternative gegenübergestellt. Jetzt hat der arme Angreifer nur die Möglichkeit, entweder die hässliche Alternative gutzuheißen oder den Ursprungsvorwurf zurückzunehmen. Damit steht er unter großem Druck, quasi seinen Angriff zurückzunehmen.

In einem meiner Seminare sagte einmal eine Dame unvermittelt zu mir:

„Herr Pöhm, Ihr Seminar ist doch eine einzige Show.“ Wohlgemerkt war das ein echter Vorwurf, kein Rollenspiel. Ich konterte: „Wäre Ihnen ein nüchterner Vortrag lieber?“. Sie schaute mich für einige Sekunden schweigend und nachdenklich an, verzog dann ihren Mundwinkel, wieder ein kurzes Schweigen und schüttelte schließlich verneinend den Kopf. – Gekauft! Am Ende des Seminars kam sie dann sogar zu mir und fragte mich, ob ich nicht ein internes Seminar in ihrer Firma geben könnte. Mit dieser Art der Rückfrage haben Sie nicht nur eine schlagfertige Antwort gegeben, sondern Sie ziehen den anderen ins Boot und überzeugen ihn auf einer tiefen Ebene vom Gegenteil seines Vorwurfs.

Da braucht es mehr, als nur gut auszusehen.
→ **Wäre dir lieber, ich sähe zum Weglaufen aus?**

Hier nun noch ein Anwendungsbeispiel von der Partnerschaftsfront: Zunächst sei einmal der Mann das „Opfer“:

Triggersatz
Wäre Ihnen ... lieber ...?

Immer schaust du anderen Frauen hinterher.

→ **Wäre dir lieber, ich wäre eine Mischung aus Schoßhund und Weichei?**

Hier nun ein Beispiel, bei der die Frau Opfer ist:

Komm doch nun endlich mal auf den Punkt.

→ **Wäre dir lieber, ich würde nur noch in Kurzform wie ein Fluglotse mit dir reden?**

Standard
Wäre Ihnen das extreme Gegenteil lieber?

Ihre Aufgaben:

Diesmal setzen Sie bitte eine Rückfrage ein, in der Sie das verzerrte Gegenteil behaupten.

1. Du hast zugenommen.

   ____

   ____

2. Sie haben aber eine unleserliche Schrift.

   ____

   ____

3. Ihre Frisur ist altmodisch.

Wie beurteilen Sie die Technik? Vergeben Sie Punkte zwischen 1 und 10.
Meine Punktzahl:

Mögliche Antworten zu der Übung:

1. Wäre dir lieber, ich wäre magersüchtig?
2. Wäre Ihnen eine ausdruckslose Erstklässlerschrift lieber?
3. Wäre Ihnen lieber, wenn ich jeden kurzlebigen Modetrend mitmachen würde?

Nonsens: „Wäre Ihnen … lieber?"

Sie haben das Taktgefühl einer Dampfwalze.
→ **Wäre Ihnen ein Straßenfrosch lieber?**

Nonsens antworten zu können, ist eine der schönsten Formen der Schlagfertigkeit. Dieses „Wäre Ihnen … lieber?"-Muster können Sie auch dazu benutzen, um den Angriff mit einer Rückfrage im Humor zerplatzen zu lassen.

Ihnen haben Sie wohl das halbe Hirn rausoperiert.
→ **Wäre Ihnen das ganze Hirn lieber?**

Da ist Lippenstift am Glas.
→ **Wäre er Ihnen am Teller lieber?**

Wie bei Nonsens üblich, suchen wir bewusst nach der „falschen“ Lösung. Wir wissen, was der andere sagen will und was er erwartet – wir suchen aber nach genau der Antwort, die er garantiert nicht erwartet.

Sie sind inkompetent.
→ **Wäre Ihnen impotent lieber?**

Du isst ganz schön viel.
→ **Wär's dir lieber, wenn ich trinken würde?**

Zum Üben:

Hier wieder drei Angriffe, zu denen Sie selbst Nonsens-Rückfragen finden sollen.

1. Du bist so still, was ist los?

2. Du wirst ja immer rot.

3. Ich finde Ihren Dialekt fürchterlich.

Wie beurteilen Sie die Technik? Vergeben Sie Punkte zwischen 1 und 10.
Meine Punktzahl:

Mögliche Antworten zu der Übung:

1. Wär's dir lieber, wenn ich singen würde?
2. Wäre dir blau lieber?
3. Wäre Ihnen Hessisch lieber?

Definition: „Was verstehen Sie unter ...?"

Das dauert mir bei Ihnen viel zu lange.
→ **Was heißt denn „viel zu lange"?**

Dies ist eine sehr einfache und universelle Art der Rückfrage. Sie nehmen irgendein Wort aus dem Vorwurf heraus, werfen es dem anderen zurück und lassen es ihn definieren. Er wird das im Normalfall brav tun. Mit dem Triggersatz „Was verstehen Sie unter ..." kommen Sie einfach auf eine Lösung.

Sie sind ein Geizkragen.
→ **Wie definieren Sie einen Geizkragen?**

Von Ihnen habe ich nichts anderes erwartet.
→ **Was verstehen Sie unter „anderes erwarten"?**

Manchmal ist es das Hauptwort, meist aber ist es das Adjektiv oder das Adverb, das sich gut definieren lässt.

Sie sind sehr unweiblich.
→ **Was verstehen Sie unter „unweiblich"?**

Früher waren Sie nicht so langweilig.
→ **Was verstehen Sie unter „langweilig"?**

Nehmen Sie etwa Drogen?
→ **Wie definieren Sie „Drogen"?**

Triggersätze

- Was verstehen Sie unter …
- Wie definieren Sie …

Zum Üben:

Hier wieder drei Angriffe, mit denen Sie selbst die Definitions-Rückfrage trainieren können:

1. Wo liegen Ihre Fehler?

   ____

   ____

2. Sie sind ja fürchterlich spießig geworden.

   ____

   ____

3. Du bist so ruhig, hast du nichts zu erzählen?

____

____

Wie beurteilen Sie die Technik? Vergeben Sie Punkte zwischen 1 und 10.

Meine Punktzahl:

Mögliche Antworten für die Übung:

1. Wie definieren Sie Fehler?
2. Was heißt „spießig" für Sie?
3. Was verstehst du unter ruhig?

Rückfrage mit höherem Ziel: „Spielt das hier eine Rolle?"

Triggersatz
Ist das wichtig für …

Eine sehr schöne Methode ist die Rückfrage nach dem höheren Ziel. Sie ordnen den Vorwurf mit einer Rückfrage einem übergeordneten Ziel unter. Sie stellen dabei eine Frage, auf die Sie eigentlich keine Antwort erwarten, die jedoch mit „Selbstverständlich, ja" oder „Selbstverständlich, nein" beantwortet werden kann.

Würden Sie bitte aufstehen, wenn das Gericht kommt?

→ **Dient das der Wahrheitsfindung?**

Ah, der Brief ist noch nicht fertig?
→ **Geht unsere Firma deswegen pleite?**

Sie könnten sich wieder mal rasieren.
→ **Ist das für das Projekt wichtig?**

Standard
Spielt das hier eine Rolle?

Ihre Aufgabe:

Hier wieder drei Vorwürfe zum Üben der Rückfrage mit höherem Ziel.

1. Da braucht es mehr, als nur gut auszusehen.
   ____
   ____

2. Ich finde Ihren Dialekt fürchterlich.
   ____
   ____

3. Überlegen Sie doch nicht so lange!
   ____
   ____

Wie beurteilen Sie die Technik? Vergeben Sie Punkte zwischen 1 und 10.

Meine Punktzahl:

Mögliche Antworten für die Übung:

1. Ist mein Aussehen für meine Arbeit wichtig?
2. Spielt das hier eine Rolle?
3. Spielt das für ein gutes Ergebnis eine Rolle?

Die Rückfragen als Feststellungsfragen

Sie erreichen noch eine Wirkungssteigerung, wenn Sie die Rückfrage zu einer Feststellungsfrage auseinander ziehen. Sie zerlegen die Frage in eine Aussage und eine anschließende Frage.

Ihr Konzept hat viele Schwachpunkte.

→ **Welche starken Punkte hat es denn gleichzeitig?**

Das formulieren Sie als Feststellungsfrage um:

→ **Wenn es Schwachpunkte hat, hat es auch starke Punkte. Welche sind es?**

Sie haben die Intelligenz einer Kaulquappe.

→ **Worauf wollen Sie hinaus?**

Als Feststellungsfrage:

→ **Sie wollen auf etwas Bestimmtes hinaus. Was ist es?**

So eine Antwort wirkt schärfer, inquisitorischer. Der Angreifer gerät mehr in die Defensive.

Wie kompensieren Sie Ihre mangelnde Menschenkenntnis?
→ **Ihre Menschenkenntnis ist viel besser. Woher haben Sie die?**

O je, du siehst noch verschlafen aus. Bist du gerade erst aufgestanden?
→ **Du bist heute Morgen vor mir aufgestanden. Wann war das?**

Das war ein mäßiger Vortrag.
→ **Sie trauen sich offensichtlich zu, den Vortrag besser zu machen. Wie würden Sie ihn gestalten?**

Mit Ihrem Verhalten stören Sie jede Diskussion.
→ **Sie wollen ein Verhalten, das die Diskussion stützt. Welches?**

Gehen Sie bitte nun zum Training alle Antworten dieses Rückfragekapitels noch einmal durch, und machen Sie aus den Rückfragen wie hier Feststellungsfragen mit Aussage und Frage.

Kategorisches Zurückweisen oder: Gegenteil behaupten (9)

Ich wartete in einer Schlange am Schalter eines Postamts. Vor mir waren vielleicht sechs andere Personen in der Reihe. Ein junger Bursche mit Rastalocken kam plötzlich sichtlich gehetzt ins Postamt, schaute verzweifelt an allen Schaltern entlang und ging schließlich schnurstracks auf unsere Schlange zu. Seitwärts drängte er sich vor den älteren Herrn, der gerade an der Reihe war, den nächsten freien Platz am Schalter zu bekommen. Der Herr fauchte aufgebracht: „Ich muss an Ihrem Geisteszustand zweifeln!“

> „Schön, dass Sie sich Sorgen machen, aber an meinem Geisteszustand braucht niemand zu zweifeln. Der ist bestens intakt! Ich geb' das hier nur ab – Sie sind dran",

sprach's, drehte sich um und verschwand wieder aus der Schalterhalle.

Eine Methode, mit Vorwürfen und Angriffen vor allem in Sitzungen, Meetings oder Diskussionen selbstbewusst umzugehen ist das *Kategorische Zurückweisen* oder *Gegenteil behaupten*. So wie's der junge Mann im Postamt getan hatte. „Ich muss an Ihrem Geisteszustand zweifeln“ war der Angriff des Mannes. Seine Antwort: „Mein Geisteszustand ist bestens intakt.“

Was auch immer der andere uns vorwirft, wir hören es an und schicken inhaltlich das Gegenteil des Vorwurfs als Aussage zurück. Das klappt wunderbar – schauen Sie sich's an.

Das ist ein völliger undurchdachter Käse, was Sie da vortragen.

→ **Sie täuschen sich, das ist ein absolut durchdachter Vorschlag, Frau Meyer.**

Wir gehen dabei in zwei Einheiten vor. Zunächst bewerten wir den Angriff. In diesem Fall: „Sie täuschen sich.“ Und dann drehen wir den Vorwurf, „undurchdachter Käse“, um in sein Gegenteil – und schicken ihn als Aussage zurück. „Das ist ein absolut durchdachter Vorschlag.“

Vorwurf pauschal bewerten – Gegenteil behaupten. Das ist der ganze Trick. Der stabile Blickkontakt ist dabei absolut wichtig. Und wenn Sie den Namen des Angreifers am Ende noch mal genüsslich betonen, wird's besonders wirksam.

Mein Tipp
Bewerten Sie pauschal die ganze Aussage des anderen, und behaupten Sie das Gegenteil.

Was wollten Sie überhaupt sagen mit Ihrem Vortrag? Das kam überhaupt nicht durch!

→ **Das kam sehr wohl durch, alle anderen haben es verstanden, Herr Lüdenscheid.**

Bundeskanzler Gerhard Schröder wurde nach einem Wahlsieg in Niedersachsen zu einem Kreuzfeuerinterview eingeladen. Zwei Journalisten haben ihn in die Mangel genommen. Schauen Sie, wie er reagiert hat.

Journalist: „Die Schwierigkeiten zwischen Ihnen und Ihrer Partei fangen doch erst an. Wenn Sie Realist sind, müssen Sie das zugeben!“
Gerhard Schröder: „Das mag *Ihre* Wahrheit sein, das ist aber nicht *die* Wahrheit. Die Schwierigkeiten, die Sie sehen, sind nun mal nicht da!“

Vorwurf: Schwierigkeiten in der Partei – Antwort: Die Schwierigkeiten sind nicht da. Und davor hat er den Vorwurf negativ kommentiert.

Damit Ihnen gute Antworten schnell einfallen, liefere ich Ihnen Bewertungs-Triggersätze, die es Ihrem Hirn vereinfachen, danach das Gegenteil des Vorwurfs als Aussage zurückzuschießen.

Es sind Satzanfänge, die Sie Ihrer eigentlichen Aussage vorausstellen. So wie Schröder es gemacht hat: „Das mag *Ihre* Wahrheit sein, das ist aber nicht *die* Wahrheit", und erst dann hat er das Gegenteil des Vorwurfs als Aussage formuliert.

Triggersätze

- Das sehen Sie falsch ...
- Sie täuschen sich ...
- Das ist *Ihre* Meinung ...
- Das sehen Sie so ...
- Sie sind offensichtlich falsch informiert ...

Nach einem bewertenden Einleitungssatz wie „Sie täuschen sich ..." kommt als Ergänzung dann Ihre Gegenbehauptung als Aussage. Die ist wichtig, denn die Satzanfänge pur, ohne weitere Ergänzung, erzielen nur die Hälfte der Wirkung.

Die vorgeschlagenen Anfangssätze müssen Sie nicht benutzen, aber sie machen es Ihnen einfacher, gute Antworten zu finden.

Ihre Ansichten sind ziemlich altmodisch!
→ **Nein, falsch, meine Ansichten sind der Zeit weit voraus.**

Das kategorische Zurückweisen ist eine universelle Methode. Sie dokumentiert ein sehr großes Selbstwertgefühl.

Eins ist bei dieser Art des Reagierens noch wichtig: Sie dürfen dabei keine so genannten „Weichmacher" benutzen. „Aber Herr Kollege, ich finde, dass ich meiner Zeit eigentlich manchmal doch sogar voraus bin, glaube ich." Das ist eine um ein Vielfaches schwächere Erwiderung. Die Außenwirkung bricht komplett ein. Warum? Weil

Weichmacher über Weichmacher drin sind: ich finde, eigentlich, manchmal, doch, glaube ich. Das alles entwertet Stück um Stück Ihre Aussage. Sie müssen wie mit einem Beilhieb die Antwort stichfest formulieren und glasklar richtig stellen.

Sie haben Unrecht.
→ **Das sehen Sie so – objektiv gesehen bin ich im Recht.**

Wenn ein Mensch eine Vision hat und diese Vision ist tief in seinem Unterbewusstsein verankert, so hat diese Vision große Tendenz, wahr zu werden. Eine Vision ist ein Bild, das man sich von einer zukünftigen Welt macht. Wernher von Braun zum Beispiel hatte schon während des Zweiten Weltkriegs, als er in geheimen Labors für Hitler an der sagenumwobenen V2-Rakete bastelte, die Vision, eines Tages mit einer Rakete auf den Mond zu fliegen. 1969, ca. 30 Jahre später, stand mit Neil Amstrong tatsächlich der erste Mensch auf dem Mond. Das Konzept und das technische Wissen dazu stammten vom damaligen Chef der NASA-Behörde: von Wernher von Braun. Bilder von einem Sollzustand im Kopf werden durch das Leben wahr gemacht. Wenn Sie sich z. B. intensiv vorstellen, dass Sie irgendwann in Kalifornien in Ihrem Traumhaus sitzen, und Sie tun auch etwas dafür, so werden Sie nicht anders können, als irgendwann wirklich dort ein Haus zu haben.

Jedes Bild, das in Ihrem Kopf massiv präsent ist, hat die Tendenz, wahr werden zu wollen. Jetzt beobachten Sie bitte mal Ihr Hirn, welches Bild bei Ihnen entsteht, wenn Sie folgende Anweisung hören: „Bitte legen Sie die Schere nicht in den Kühlschrank." Na? Da liegt eine Schere im Kühlschrank, stimmt's? Das Hirn kürzt das „Nicht" ganz einfach aus der Anweisung heraus und konstruiert in Ihrem Unterbewusstsein das Gegenteil dessen, was der andere erreichen will. Und hier nimmt nun das Drama seinen Lauf. So eine Anweisung wird bis zum Exzess wiederholt – das Bild gräbt sich im Unterbewusstsein ein – Sie wissen, Sie haben die Tendenz, die Bilder in Ihrem Unterbewusstsein wahr machen zu wollen – und genau das passiert! Irgendwann liegt die gottverdammte Schere tatsächlich im Kühlschrank. Die negative Anweisung „Bitte legen Sie die Schere nicht in den Kühlschrank“ verstärkt genau das Verhalten, das Sie eigentlich abstellen wollten.

Wenn jemand zu Ihnen sagt: „Herr Mayer, Sie lügen!“ Und Sie antworten: „Ich muss Sie enttäuschen, ich sage die Wahrheit!“ Haben Sie gut reagiert. Die Wirkung für die Umgebung ist optimal.

Wenn Sie aber geantwortet hätten: „Ich lüge nicht“, so wäre die Wirkung nicht so gut gewesen. Das „Nicht“ wird vom Zuhörer kaum registriert. Er hört beim Vorwurf „lügen“, er hört bei der Antwort „lügen“ und für ihn bleibt der Eindruck: „Da wird irgendwie gelogen.“ Versuchen Sie also beim kategorischen Zurückweisen das Negativwort nicht mehr in der Antwort zu wiederholen. Sie brauchen bei dieser Technik einen Basisbaustein der Schlagfertigkeit: ruckartig das Gegenteil des Vorwurfs formulieren zu können. (Aus arrogant machen Sie bescheiden, aus geizig großzügig, aus ungehobelt anständig ... usw.)

Aus denselben Gründen sind auch die einleitenden Bewertungssätze „Stimmt nicht“ oder „Das ist nicht richtig“ nicht so wirkungsvoll. Denn darin kommt das Wort „nicht“ vor. Sagen Sie beim Bewerten lieber: „Sie täuschen sich“ oder „Das sehen Sie falsch“. Das kommt viel besser an.

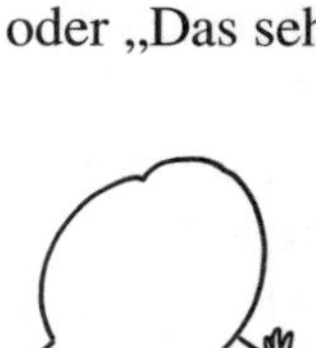

Ihnen würde ich mein Kind niemals anvertrauen.

→ **Sie liegen falsch. Mir kann man jederzeit jedes Kind anvertrauen, Frau Greser.**

Wenn Sie in Diskussionen mit Öffentlichkeitswirkung engagiert sind, z. B. in Podiumsdiskussionen, TV-Talkrunden, Kreuzfeuer-Interviews usw., dann können Sie noch einen Zahn zulegen. Leiten Sie Ihre Zurückweisung mit härteren Worten ein:

→ **Nein, das ist natürlich absolut falsch ...**
→ **Da liegen Sie vollkommen daneben ...**
→ **Das mag Ihre isolierte Meinung sein ...**
→ **Das sehen nur Sie so ...**

Dem Zuschauer bleiben vom Inhalt einer Diskussion durchschnittlich nur 7 Prozent in Erinnerung, von dem allgemeinen Eindruck der einzelnen Debattierer, so wie Sie grundsätzlich gewirkt haben, aber 30 Prozent. Da können Sie bisweilen noch heftiger aufdrehen. Denn dem Zuhörer werden die Zurückweisungen umso deutlicher, je eindeutiger sie für ihn zu identifizieren sind.

Ihr Service lässt zu wünschen übrig.
→ **Also, damit liegen Sie leider komplett daneben. Unser Service ist einer der besten, den Sie sich denken können.**

Standard
- Sie sind (offensichtlich) falsch informiert.
- Das Gegenteil trifft zu, auch wenn Sie das nicht erkennen.

Hier noch einige „Hardcore“-Zurückweisungen, die man immer wieder mal auch bei TV-Diskussionen erleben kann. Nicht nur das legendäre „Literarische Quartett“ mit Marcel Reich-Ranicki war voll davon, man hört sie in jeder Talkshow und Diskussionsrunde, in der es „zur Sache“ geht.

→ **Das ist doch völlig absurder, abwegiger Schwachsinn.**
→ **Also damit liegen Sie leider komplett daneben.**

→ Wie kann man nur so einfältige Fragen stellen?
→ Ihre Argumentation ist reichlich schwach.
→ Sie sind offensichtlich falsch informiert.
→ Das ist doch lächerlich, was Sie da sagen.

Ihre Aufgabe:

Hier jetzt wieder drei Angriffe für Sie zum selber Üben. Bitte erwidern Sie die Vorwürfe mit einer kategorischen Zurückweisung.

1. Als Geschäftsführer sind Sie zu jung!

   ____

   ____

2. Dein Dialekt klingt schrecklich!

   ____

   ____

3. Wollen Sie etwa wieder mit weiblicher Intuition vorgehen?

   ____

   ____

Wie beurteilen Sie die Technik? Vergeben Sie Punkte zwischen 1 und 10.
Meine Punktzahl: ☐

Mögliche Antworten für die Übung:

1. Absoluter Unsinn. Ich bin genau im richtigen Alter.
2. Das findest nur du. Mein Dialekt klingt sehr charmant.
3. Sie täuschen sich, Herr Kollege. Das ist weiblicher Sachverstand.

Kategorisches Zurückweisen als Feststellungsfrage

Auch diese Technik lässt sich hervorragend zur Feststellungsfrage erweitern. Damit wird sie noch wirkungsvoller.

An die kategorsiche Richtigstellung hängen Sie einfach eine Frage an. Die Wirkung wird sehr stark, wenn Sie eine Unterstellungsfrage wählen.

Herr Maier, Sie lügen!

→ **Ich muss Sie enttäuschen, ich sage die Wahrheit! Können Sie die Wahrheit nicht vertragen?**

Nach der Gegenbehauptung: „Ich sage die Wahrheit!" kommt die Unterstellungsfrage: „Können Sie die Wahrheit nicht vertragen?"

Ein kleiner, oft wirksamer Trick, wie Sie mit einer anschließenden Frage den anderen in eine Rechtfertigung drängen können, ist, ihm ein Problem zu unterstellen. Erwähnen Sie deshalb in der Frage irgendwie das Wort „Problem". Dann funktioniert's meistens.

Ihnen würde ich mein Kind niemals anvertrauen.

→ **Mir kann man jederzeit jedes Kind anvertrauen. Haben Sie Probleme mit Ihrem Kind?**

Ihr Projekt hat Schwachpunkte.

→ **Das sehen Sie so. Tatsache ist: Das Projekt ist ausgereift. Warum haben Sie Probleme, das Projekt zu beurteilen?**

Ihr Service lässt zu wünschen übrig.

→ **Unser Service ist einer der besten, den Sie sich denken können. Welches konkrete Problem gibt es bei Ihnen?**

Gehen Sie nun alle vorkommenden Angriffe dieses Kapitels durch, und hängen Sie zur Übung eine Frage an. Hilfreich ist, die anschließende Frage immer mit „Problem“ formulieren.

Der versteckte Gegenangriff (10)

Einer unserer Stammgäste in der Szenebar war so ein aufgeblasener Weiberheld. Seine Maschen waren extrem billig: Er schnalzte seine Zunge in den Backenhöhlen, er ließ gewollt verführerisch seinen Mund offen stehen oder er machte Bemerkungen wie „Hat deine Bluse nicht ein paar Knöpfe zu viel?". Ich ignorierte konsequent seine Spielchen. Seine Grundhaltung gegenüber uns Frauen hinter dem Tresen war: Kaufst du einen Drink, gehört die Frau dazu. Nun, er schmiss immer schön fleißig Runden für seine Kollegen und alle schütteten Gin Tonic in sich hinein. Dann ging's ums Zahlen. Der Betrag belief sich auf 196 Franken 80. Er sagte in seiner ganzen männlichen Würde, ohne eine Miene zu verziehen: „Runde auf 197 Franken auf. Du wirst noch lernen müssen, dass man für Trinkgeld was tun muss." Ich schaute ihn an und erwiderte:

> „Machen wir 194! Du wirst noch lernen müssen, dass man nicht jede Frau kaufen kann!"

Dieses Erlebnis einer ehemaligen Teilnehmerin hat sich tatsächlich in einer St. Gallener Bar zugetragen. Gefällt Ihnen die Antwort? Ich vermute stark, sie gefällt Ihnen gut. So einen Einfall hätten wir uns auch gewünscht. Eine angemessene Antwort auf einen uns verletzenden Angriff gefunden zu haben, ist ein wohltuendes und Zufriedenheit stiftendes Gefühl. „Ja, dem hab ich's gegeben." Leider geht es den meisten Menschen anders.

„Wisst ihr eigentlich, warum Jonny den Spitznamen Jonny hat?" Alle in der Kneipenrunde schauen erwartungsfroh den Fragesteller an. „Nein, warum?", fragt einer direkt neben Jonny. „Ich sag's euch: Weil Jonny früher einmal gesagt hat, wenn *ich* schwul bin, will ich Jonny heißen."

Alles in der Runde prustet laut heraus vor Lachen und schielt auf Jonny. Jonny sitzt mitten unter der sich auf die Schenkel klopfenden Meute und lächelt gequält. Er ist weder schwul, noch kann er darüber lachen. Die Kollegen machen halt „wieder einen Spaß" denkt er. Gerne würde er etwas Passendes erwidern. Aber er fühlt sich getroffen und ihm will einfach nichts einfallen.

Das ist eine Situation, vor der sich so manche Menschen fürchten: in eine Lage zu geraten, wo in geselliger Runde übereinander gefrotzelt wird und wo sie einfach „nicht mithalten" können. Passiv werden sie das Opfer von Flachsereien. Es gibt immer einige, die in solchen Runden tonangebend sind, und einige andere, die meistens das Objekt des Spaßes darstellen.

Nachher fällt Jonny dann der Spruch ein, den er hätte erwidern können:

„Ja, warum heißt DU dann nicht Jonny?"

Im Prinzip ist das ein Gesellschaftsspiel, das die Schlagfertigkeit in seinem Wesen hervorragend trainiert. Es wird dezent, subtil ausgeteilt. Aber in der gespannten Erwartung, auch etwas zurückzubekommen. Ist die Replik gelungen, wird das von der Umgebung mit schallendem Gelächter quittiert.

> **Mein Tipp**
> Das wichtigste Prinzip der Schlagfertigkeit: Handle mutig – und du wirst mutig.

Versuchen Sie sich mal zu erinnern: Die Bemerkungen, die Ihnen mal wieder erst eine Stunde später einfallen, sind meist von der Natur, dass der andere eins aufs Dach bekommen hätte. Aber Hand aufs Herz: Die Bemerkung, die Ihnen da eine Stunde später eingefallen ist, hätten Sie die wirklich in 100 Prozent aller Fälle in dieser Situation auch gesagt? Ich will Sie ermuntern, es auf jeden Fall zu tun. Auch wenn Sie nicht wissen, wie es aufgenommen wird.

Sie erweitern dadurch dramatisch Ihr Selbstbewusstsein. Und das ist das Wichtigste bei der Schlagfertigkeit. Handle mutig – und du wirst mutig.

Ach, Sie trinken Alkohol? Ich kann auch so lustig sein.

→ **Ich kann mich nicht erinnern, Sie schon einmal lustig erlebt zu haben.**

Diese Art des Erwiderns stellt den Kern der Schlagfertigkeit dar. Hier steckt der dezente Seitenhieb mit in der Antwort. Hier wird ausgeteilt, aber auch wieder eingesteckt. Der Kern des Wortes Schlagfertigkeit besteht aus „schlagen“. Das heißt übertragen auf die Sprache: den anderen in irgendeiner Form schlecht aussehen zu lassen. Das ist das Kernprinzip der Technik des „versteckten Gegenangriffs“.

> **Mein Tipp:**
> Unterstellen Sie dem Angreifer etwas. Die Unterstellung muß nicht zwingend der Wahrheit entsprechen, im Gegenteil. Es wirkt umso schlagfertiger, je weiter hergeholt, je übertriebener und absurder der Vorwurf ist.

Doris Ammann, eine Siegerin des Schlagfertigkeits-Gewinnspiels auf meiner Homepage, schilderte folgende Begebenheit.

Ich fahre hinter einem Briefträger im gelben Postwagen auf eine Kreuzung zu, wo ein Polizist auf der Kanzel den Verkehr regelt. Der Postbeamte fährt zu weit vor, der Polizist pfeift wütend und beugt sich über die Kanzel. Der Postbeamte kurbelt das Fenster runter (ich auch), der Polizist schreit ihn an: „Gibt's eigentlich nur Idioten bei der Post?“ – Der Postbeamte kontert:

„Nein, die anderen sind alle bei der Polizei ...“

Wenn ich die Hitparadenlieblinge der schlagfertigen Antworten aussuchen sollte, die von fast jedermann als gelungen eingestuft werden, so sind das fast nur Erwiderungen, bei denen ein versteckter Gegenangriff mit platziert wird. Die angriffige Retourkutsche gefällt den Leuten eindeutig am besten. Da kann man richtig schmunzeln und seine klammheimliche Schadenfreude ausleben. Das darf in einem Buch über Schlagfertigkeit nicht fehlen. Aber in der Praxis im Alltag sieht die Sache schwieriger aus. Da haben wir Hemmungen: „Kann man so etwas überhaupt sagen?“, „Das wäre aber doch frech“. Und dann gibt es noch das zweite Problem: Wir würden zwar gerne, aber der gewünschte Deckel auf den Topf fällt uns nicht ein.

Die große Frage ist: Wie kommt man auf eine angriffige Erwiderung? Ich habe lange darüber nachgedacht, aber es lässt sich leider nur zu einem Teil richtig schematisieren. Trotzdem können Sie es lernen. Es ist eine Fähigkeit, deren Erlernen vergleichbar ist mit dem Erlernen des Balancierens. Nehmen Sie doch mal einen Kochlöffel zur Hand. Setzen Sie ihn auf die Spitze Ihres Zeigefingers. Ziel ist es, den Kochlöffel aufrecht auf Ihrer Fingerkuppe zu balancieren. – Versuchen Sie es doch jetzt wirklich einmal.

Schon nach zehn Minuten Training werden Sie dramatisch besser. Spätestens nach einer Woche regelmäßigen Trainings gelingt es Ihnen, den Kochlöffel aufrecht auf Ihrer Fingerkuppe zu halten. Das schaffen Sie, ohne eine konkrete Anweisung zu bekommen, *wie* es zu tun ist. Man nimmt einfach einen Stock und versucht's mal. So ist es auch mit dem Training des Gegenangriffs. Es gibt auch hier keine wirklich konkrete Handlungsanweisung, *wie* es zu tun ist. Es gibt nur ein Ziel. Beim Kochlöffel heißt es: Der Stock muss aufrecht stehen bleiben. Beim Gegenangriff heißt es: Der andere muss irgendwie schlecht aussehen. Mit der Zeit klappt es dann immer besser, bis man plötzlich den Bogen raus hat.

Um einen Gegenangriff zu platzieren, brauchen Sie ein allgemeines Ziel. Sie fragen sich: Wie kann ich den Angreifer in schlechtem Licht erscheinen lassen?

Damit es auch schlagfertig wirkt, müssen Sie zwei Dinge beachten.

Erstens: Auf einen Teil des Angriffs muss in der Antwort Bezug genommen werden. Das kann bisweilen auch nur die Wiederaufnahme eines Wortes sein.

Zweitens: Der Gegenangriff muss indirekt „durch die Blume“ vorgetragen werden, ein allgemeines Grundprinzip von Schlagfertigkeit. Ein direkter, unverblümter Angriff nach dem Stil: „Selber Arschloch“ wirkt nicht.

Einen Ansatz, wie man schematisch auf einen Gegenangriff kommen kann, habe ich aber doch gefunden. Damit lässt sich zwar rückwärts sicher nicht auf alle gelungenen Gegenkonter schließen, aber in der Vorwärtsrichtung stellt das eine wirksame Hilfe dar, wie man schnell auf einen Gegenkonter kommen kann.

Im Sommer 2000 machte ich eine Medientournee durch alle großen Städte Deutschlands, in der ich Studenten so präpariert hatte, dass ich sie als „Sandwichmen“ auf die Strasse schicken konnte, um sich von Passanten angreifen zu lassen. Auf ihren Pappschildern, die sie umhängen hatten, stand: „Gewinne 10 Mark, mach mich sprachlos.“ Jedermann in der Fußgängerzone konnte sie jetzt verbal attackieren und wenn sie keine vernünftige Antwort innerhalb einer kurzen Zeit fanden, verschenkten sie 10 Mark an die Angreifer. Ziel der Aktion war es, möglichst viele Medienberichte zu bekommen. Hier ein Dialog aus Hannover, der in einem nachfolgenden Fernsehbericht gesendet wurde.

Passant zum Student: „Sie haben Mundgeruch.“
Student: „Da fall ich hier in Hannover ja nicht weiter auf.“

Sie gehen folgendermaßen vor: Fragen Sie sich, wie Sie dem Angreifer den Vorwurf selbst in die Schuhe schieben können – natürlich wie immer indirekt. Das heißt, wie kann ich geschickt durch die Blume ausdrücken: „Du bist genauso“ oder „Du bist noch schlimmer“.

Ich war einmal bei Radio Köln zu einem Interview ins Studio eingeladen. Sonst in diesen Fällen ist es immer so, dass der Herr Schlagfertigkeits-Trainer vom Moderator angegriffen wird, und der soll gefälligst mal seine Fähigkeiten demonstrieren. Diesmal aber wollte der Moderator es umgekehrt haben. Ich sollte ihn angiften und er wollte schauen, was ihm als Erwiderung einfällt. Der Moderator hieß Torsten Knippertz und der Bursche war wirklich gut. Hier sein bester Coup. Ich sagte zu ihm:

„Eine Hirnzelle weniger und du wärst 'ne Pflanze."

Darauf sagte er:

„Zwei Hirnzellen weniger und ich wäre DU."

Ich habe mich gebogen vor Lachen.

Sein Reaktionsmuster gehorchte dem obigen Grundsatz, den Angriff dem Angreifer selbst in die Schuhe zu schieben.

Versuchen Sie bitte bei den nächsten Angriffen dem Angreifer eine Replik zu geben, aus der rückgeschlossen werden kann, dass der Vorwurf auf ihn genauso oder noch schlimmer zutrifft.

Triggersätze
- Du bist genauso ...
- Du bist noch schlimmer ...

Bevor Sie das nächste Mal so kluge Ratschläge verteilen, schalten Sie Ihr Hirn ein.
→ **Ich kann's wenigstens noch einschalten.**

Sind Sie blöd oder beschränkt?

→ **Schlimm ist, wenn beides auf einen zutrifft.**

Sie haben wohl Ihre Kleidung nachts in der Altkleidersammlung aus den Säcken geholt?

→ **Das mach ich nicht, ich könnte *Ihnen* ja dabei begegnen.**

Es gibt Standard-Antworten, die das Prinzip „du selber" clever durch die Blume ausdrücken. Sie lassen sich auf viele Angriffe universell erwidern.

Beispielangriff: „Mein Gott, siehst du fertig aus!"

1) Du bist halt mein Vorbild.

2) Dann passen wir ja gut zusammen.

Liebe Leser, machen Sie jetzt bitte mal unmittelbar den Test: Prägen Sie sich eine der beiden Antworten ein, gehen Sie zu Ihrem Kollegen und sagen ihm: „Los, greif mich mal an." In sieben von zehn Fällen dürfte Ihre Antwort passen.

Es gibt eine wunderbare Standardantwort, wenn Sie jemand mit Ihrer Körperlichkeit angreift. Angenommen, jemand greift Sie mit irgendeiner der folgenden Aussagen an: Sie haben Mundgeruch, Ganz schön fett geworden, Du hast Hände wie Klodeckel, Sie riechen unter den Armen, Putzen Sie sich mal die Nase ... usw. Sagen Sie jetzt seelenruhig:

Standards

- Dann passen wir ja gut zusammen.
- Weißt du, du bist halt mein Vorbild.
- Ich pass mich meiner Umgebung an.
- Ich antworte nicht auf niveaulose Bemerkungen.

Wir wollen uns nicht über unsere körperlichen Misslichkeiten unterhalten, niemand weiß so gut wie Sie, dass das sehr schnell *peinlich* werden könnte.

Am besten probieren Sie das auch gleich aus, liebe Leser. Gleich hin zum Kollegen, sagen Sie ihm, er soll Sie mal auf Grund Ihrer Körperlichkeit beleidigen. Und schmettern Sie ihm dann diesen Satz entgegen. Das macht Laune!

Auf immer wiederkehrende Angriffe kann man auch die immer selbe Erwiderung setzen, das ist dann kein Standard für universelle Situationen, sondern für eine *spezielle* Situation, die wir aber häufig erleben.

Eine schöne schlagfertige Antwort dieser Art wurde mir während des Seminars erzählt.

Eine Trainerin hielt vor ca. 100 Männern ein Referat. Sie hantierte am Tageslichtprojektor, bekam ihn aber nicht an. Hämischer Kommentar aus dem Publikum:

„Ja, ja, Frauen und Technik!"

Darauf die Trainerin:

„Stimmt, Sie haben Recht, das ist dasselbe wie Männer und Sex."

Liebe Frauen, das ist so ein Standard – einprägen!

Ich habe bei der Beschäftigung mit dem Thema eines lernen müssen: Leute, die Schwierigkeiten haben, andere anzugreifen, sind dieselben Leute, die auch Mühe haben, sich schlagfertig zu verteidigen. Deshalb fördert es ungemein Ihre Schlagfertigkeit, wenn Sie das Austeilen trainieren. Das meine ich wirklich so. Sie können das täglich üben. Machen Sie das in einer Runde, die Ihnen wohlgesinnt ist und wo die Spielregeln bekannt sind. Auf einem Fest in bierseliger Stimmung, in der Kneipe nach

Feierabend, beim Firmen-Aperitif, im Vereinsheim oder beim Après-Ski. Aber warum nicht auch zu Hause, wo der Herr Sohn oder die Frau Tochter schon länger meinen, den Eltern eins in die Seite geben zu können.

Trainieren Sie mal, der Aggressor zu sein, und nicht immer das Opfer. So werden Sie auch in der Lage sein, einen Gegenschlag zu landen. Es ist eine Illusion zu glauben, dass man nur den Zweitschlag im Griff haben sollte. Das ist dasselbe wie eine Fußballmannschaft, die ausschließlich die Verteidigung trainiert. So eine Mannschaft kann maximal unentschieden spielen, niemals wird so eine Mannschaft Meister werden – im Gegenteil, sie wird zwingend absteigen.

Mein Tipp:
Trainieren Sie auch, der Agressor zu sein, und nicht immer das Opfer. Aber geistreich – das heißt immer durch die Blume angreifen. So trainieren Sie gleichzeitig, im Notfall einen Gegenschlag zu landen.

Ihre Aufgabe:

Hier wieder drei Angriffe für Sie zum Üben. Lassen Sie den Angreifer schlecht aussehen.

1. Kümmern Sie sich gefälligst um Ihre eigenen Angelegenheiten!

____

____

2. Das ist doch kompletter Unsinn.

____

____

3. Tja, da müssen Sie wahrscheinlich noch viel lernen!

Wie beurteilen Sie die Technik? Vergeben Sie Punkte zwischen 1 und 10.
Meine Punktzahl:

Hier mögliche Antworten für diese Übung:

1. Das würde ich gern, aber Sie kann man leider nicht alleine arbeiten lassen.
2. Verständlich – ich habe nämlich Ihren Ratschlag befolgt!
3. Aber nicht von Ihnen!

Der versteckte Gegenangriff als Feststellungsfrage

Sie können aus dem versteckten Gegenangriff auch eine Feststellungsfrage machen, indem Sie nach dem Gegenangriff eine Frage hinten anfügen. Wie immer machen Sie damit die Methode zu einer Bombe.

Mein Gott, was stellen Sie für dumme Fragen.

→ **Sie können ja nicht mal diese beantworten. Welche Fragen liegen Ihnen denn am meisten?**

Zunächst wird ein Gegenangriff platziert. „Sie können ja nicht mal diese beantworten.“ Das allein wäre schon wirksam. Aber dann wird der Angreifer durch eine angehängte

Frage „Welche Fragen liegen Ihnen denn am meisten?“ noch weiter in die Defensive gedrängt.

Kümmern Sie sich gefälligst um Ihre eigenen Angelegenheiten!
→ **Das würde ich gern, aber Sie kann man leider nicht alleine arbeiten lasen. Wo haben Sie Probleme?**

Das ist doch kompletter Unsinn.
→ **Verständlich, ich habe schließlich Ihren Ratschlag befolgt. Gab es in Ihrer Familie schon mal Fälle von Alzheimer?**

Tja, da müssen Sie wahrscheinlich noch viel lernen!
→ **Aber nicht von Ihnen. Wo sind Sie denn zur Schule gegangen?**

Gehen Sie nun alle vorkommenden Angriffe dieses Kapitels durch, und hängen Sie zur Übung eine Frage an.

Frotzeln lernen

Den anderen, „durch die Blume“ schlecht aussehen zu lassen, ist eine unabdingbare Voraussetzung, um mit der Technik des *versteckten Gegenangriffs* operieren zu können. Ich will mit Ihnen deshalb Ihre Fähigkeit trainieren, auf beliebige Bemerkungen etwas zu erwidern, das den anderen als den begossenen Pudel im Regen stehen lässt. Im Klartext: Nicht nur das *Reagieren* muss trainiert werden, denn damit würden Sie nur das Opferverhalten üben, sondern auch das *Agieren.* Sie müssen lernen, angriffige Bemerkungen aus heiterem Himmel heraus zu machen. Das nennt man „Frotzeln“ und das brauchen Sie einfach, um wirklich schlagfertige Gegenangriffe platzieren zu können.

Ich möchte mit Ihnen deshalb trainieren, auf Angebereien und auf unangenehme Fragen mit einem verbalen Deckel zu kontern. Deshalb hier im Anschluss zunächst einige *unangenehme Fragen*, die Sie bitte zum Training so beantworten sollen, dass der Fragesteller schlecht aussieht.

Je indirekter Sie etwas ausdrücken, umso schlagfertiger wirkt es. Wenn Ihnen die Frage: „Wen finden Sie unsympathisch in unserem Team?“ gestellt wird und Sie antworten: „Sie, natürlich“ wirkt das nicht so schlagfertig wie wenn Sie antworten: „*Sie* haben Mut, so was zu fragen!“. Jetzt muss erst ergänzt werden, dass wohl der Fragesteller der Unsympath ist.

Wie haben Sie Ihren Partner ausgewählt?
→ **Er durfte Ihnen auf keinen Fall ähnlich sehen.**

Was ist Ihre größte Angst?
→ **Dass Sie mir nochmal im nächsten Leben begegnen.**

Lieben Sie Personen Ihres eigenen Geschlechts?
→ **Wenn ich Sie anschaue, weiß ich, warum man's eigentlich nicht tun sollte.**

Welche Nationalitäten mögen Sie nicht?
→ **Woher kommen Sie nochmal?**

Zum Üben:

Jetzt sind Sie, liebe Leser, wieder einmal gefordert. Bitte beantworten Sie folgende drei Fragen so, dass der Fragesteller schlecht wegkommt.

1. Haben Sie schon mal an Selbstmord gedacht?

2. An was denken Sie, wenn Sie sich selbst befriedigen?

3. Mit wem hier im Raum würden Sie gerne mal essen gehen?

Wie beurteilen Sie die Technik? Vergeben Sie Punkte zwischen 1 und 10.
Meine Punktzahl:

Mögliche Antworten für die Übung:

1. Als ich Sie zum ersten Mal gesehen habe.
2. Sicher nicht an Sie.
3. Wenn Sie rausgehen, mit allen.

Eine zweite schöne Möglichkeit, das Frotzeln zu üben, sind Angebereien.

Wenn einer mit seinem Wohlstand, mit Macht und Ansehen Eindruck schinden will, geben Sie ihm eine Erwiderung, in der er einen Dämpfer abbekommt.
Margret Lötsch, eine Teilnehmerin am Schlagfertigkeits-Gewinnspiel auf meiner Homepage *www.poehm.com*, gewann mit folgender Geschichte.

Nach den Osterfeiertagen: Ein sich selbst überschätzender Verehrer protzt: „Ach, Margret, Ostern war so geil ... Ich hatte drei Tage nur Sex!" Darauf sie: „Mit der rechten oder der linken Hand?"

Wir wohnen direkt neben dem Generalmanager von Siemens.
→ **Da kannst du ja sicher günstig Glühbirnen kaufen.**

Kürzlich bei dem Empfang hab ich mich von Mann zu Mann mit Helmut Kohl unterhalten.
→ **Hast du ihn auch zum Tanzen aufgefordert?**

Ihre Aufgaben:

Hier wieder drei Angriffe zum Üben. Lassen Sie den Angeber schlecht aussehen.

1. Da stand kürzlich schon wieder ein Artikel über mich in der Zeitung.

2. Mein Mann liest mir jeden Wunsch von den Augen ab.

3. Zu meiner Party kamen 100 Leute.

Wie beurteilen Sie die Technik? Vergeben Sie Punkte zwischen 1 und 10.
Meine Punktzahl:

Mögliche Antworten für die Übung:

1. Ja, hab' ich gelesen, da war ein Banküberfall.
2. Ich wusste gar nicht, dass dein Mann lesen kann.
3. Wurden deine Möbel versteigert?

Maßlos übertreiben (11)

Die Sache hatte sich in der Kaffeepause zugespitzt. Einem der Seminarteilnehmer war ein Knopf am Jackett abgeplatzt, – eine prima Gelegenheit, um die Trainerin bloßzustellen und ihr die typische Frauchen-Rolle zuzuordnen. Die Trainerin, ca. 30 Jahre jung, war in ein Seminar berufen worden, in dem ausschließlich männliche Teilnehmer saßen – fast alle älter als sie. Schon während des ganzen Vormittags kämpfte sie mit einer Gruppe von „Seminarverweigerern". Ständig wurden besserwisserische Fragen gestellt, die Körperhaltung stand auf Ablehnung und ihre Kompetenz als Trainerin wurde, wo immer möglich, angezweifelt. Unausgesprochen hörte man ständig in der Unterbotschaft: „Kindchen – uns musst du doch nichts erzählen wollen." Jetzt stand der Mann in der Pause siegessicher mit seinem abgerissenen Jackettknopf da. Er fragte sie vor versammelter Mannschaft in einem bewusst lustig gehaltenen Tonfall: „Haben Sie zufällig Nadel und Faden dabei und könnten mir mal den Knopf annähen?" Gespanntes Schweigen in der Runde. Alle schauten auf die Trainerin. Doch dann kam ihre Antwort:

„Na klar, was denken Sie? Ich hab sogar immer 'ne Waschmaschine und 'n Bügelbrett dabei!"

Schallendes Gelächter in der ganzen Runde. Diese Replik verschaffte Respekt. Und für den Rest des Seminars hatte sie ihre Leute im Griff.

Dies ist eine authentische Geschichte, die mir die betroffene Trainerkollegin selbst geschildert hat.

„Komm, Jimmy, du liest doch auch immer die Heftchen mit den nackten Frauen. Du hast doch auch immer die Sexheftchen zu Hause versteckt!" – ein Millionenpublikum schaut zu. Jimmy Hartwig, prominenter ehemaliger Profi-Fußballer, ist zu Gast bei Stefan Raab in seiner TV-Sendung. Jimmy Hartwig antwortet:

> „Ja, na klar, ich hab sogar ständig 'ne aufblasbare Puppe im Kofferraum."

Selbst Stefan Raab musste lachen. Eins zu Null für Jimmy Hartwig.

Die beiden Antworten gehorchen ein und derselben Schlagfertigkeits-Technik. Dem *maßlosen Übertreiben* oder, anders ausgedrückt, der *übertriebenen Zustimmung*. Das Schema ist eigentlich ganz einfach. Sie hören einen Vorwurf, aber statt etwas dagegen zu sagen, sagen Sie einfach „Stimmt" und übertreiben danach derart maßlos, dass der Vorwurf im Witz zerplatzt.

Ihre Krawatte ist krumm gebunden.
→ **Stimmt, ich wollte mich gerade aufhängen.**

Sie haben unsere Kunden falsch beraten.
→ **Ja genau, jetzt benutzt er den Staubsauger als Haarföhn.**

Ich habe zu Hause eine Datei mit etwa 200 Buchseiten. Darin sind ca. 4000 Beispiele schlagfertiger Antworten, geordnet nach einzelnen Techniken. Die mit Abstand meisten Beispiele besitze ich zu dieser Technik. Es ist eine hervorragende, universelle Technik, die sowohl eine passende Erwiderung auf jegliche Art von Angriffen erlaubt, als auch gestattet, spontan humorige Bemerkungen zu machen. Und das Schönste ist: Sie tun niemandem weh dabei.

Siehst du heute schlecht aus!
→ **Ich war heute Morgen beim Arzt und der wollte mir grade den Totenschein ausstellen.**

Sie sind doch nur ein Ossi.
→ **Haben Sie vielleicht ein Foto von einer Banane dabei?**

Diese Technik des maßlosen Übertreibens finde ich allein deshalb schon so gut, weil Sie dabei lernen, über sich selbst zu lachen und sich nicht so ernst zu nehmen. Das ist eine Eigenschaft, die nicht nur für schlagfertiges Reagieren sehr wichtig ist, sondern Ihnen allgemein ein gesünderes Leben verschafft. Wenn Sie alles nicht so verbissen und ernst sehen, bekommen Sie weniger Magengeschwüre, weniger Sorgenfalten und sehen einfach jünger aus.

Die übertriebene Zustimmung können Sie sowohl als witzige Bemerkung zu Situationen benutzen oder aber als Erwiderung auf Angriffe. In beiden Fällen nehmen Sie einen Sachverhalt, hier in unserem Fall den Vorwurf, und übersteigern ihn ins Uferlose.

Die Übertreibung lebt davon, dass Sie den Regler nicht nur an den Anschlag schieben, sondern sogar noch weiter darüber hinaus. Sie konstruieren ein Szenario jenseits der Realität, in dem die Übertreibung stattgefunden haben könnte. Und das beschreiben Sie dann als Realität.

Sie transpirieren unter den Achseln.
→ **Meine Nachbarin duscht sogar immer darunter.**

Sie müssen beim Übertreiben darauf achten, dass Sie möglichst absurde Bilder kreieren. Denken Sie auch an eine weit hergeholte Konsequenz, wenn Sie den Vorwurf bis zum Exzess treiben.

Sie sind aber ein junger Geschäftsführer.
→ **Stimmt, ich wechsle jetzt von Calvin Klein wieder auf Pampers zurück.**

Kannst du dir nicht mal die Ohren putzen?
→ **Nein, da will ich Karotten anpflanzen.**

Diese Technik des Übertreibens ist auch eine charmante Art, wie man als weibliche Angestellte beispielsweise einen zu kühnen Gast im Restaurant oder Hotel dezent und humorvoll in seine Schranken weisen kann.

Kommen Sie noch nach Dienstschluss in meine Suite. Sie wissen, ich hab' Whirlpool.
→ **Gerne, ich lass vom Zimmerservice schon mal die Wanne mit Champagner füllen.**

Das bekannte Grundprinzip der Schlagfertigkeit, das indirekte Ausdrücken, muss natürlich auch hier beachtet werden. Je mehr der Zuhörer durch Ihre Erwiderung rückwärts ergänzen muss, desto witziger wirkt es. Er muss erst im Nachhinein erschließen können, in welchem Szenario er gelandet ist.

Wenn beispielsweise jemand sagt: „Mein Gott, haben Sie zugenommen" und Sie antworten: „Stimmt, ich bin dick wie ein Wal" so ist das zwar übertrieben, aber es wirkt trotzdem noch nicht schlagfertig. Es ist zu direkt ausgedrückt. Wenn Sie hingegen sagen:

„Stimmt, die von Greenpeace haben mich gleich vom Strand ins Wasser zurückgezogen",

so haben Sie besser geantwortet, weil durch diese Bemerkung erst der Rückschluss gezogen werden muss, dass Sie wohl mit einem gestrandeten Blauwal verwechselt wurden. Diese Technik hat viele Verwandtschaften mit anderen Techniken, unter anderem mit dem „Einsteigen auf das Veräppelungsszenario". Einer meiner Mitarbeiter, der wunderbar telefonieren konnte, flirtete gerne mit den Damen am anderen Ende der Leitung. Ein Telefongespräch mit einer Dame unseres Lieferanten verlief folgendermaßen:

Standards
- Stimmt, ich bin jetzt im Guinness-Buch der Rekorde.
- Sie hätten mich mal gestern erleben sollen.

Dame: Womit kann ich dienen?
Mitarbeiter: Ich hätt gern eine Frau unter 30.
→ **Dame: Nehmen Sie mich, ich bin sogar unter 100!**

Wie prinzipiell bei der Schlagfertigkeit, brauchen Sie auch hier die Fähigkeit zu übertreiben, gepaart mit einem bildhaften Vergleich.

Ihre Aufgaben:

Hier wieder drei Beispiele für Sie zum selber Üben. Trainieren Sie das maßlose Übertreiben anhand der Vorwürfe.

1. Du blökst wie ein Hammel.

____

____

2. Du bist ja immer noch nicht mit dem Studium fertig!

____

____

3. Haben Sie schon mal einen Rechtschreibkurs besucht?

____

____

Wie beurteilen Sie die Technik? Vergeben Sie Punkte zwischen 1 und 10.
Meine Punktzahl: [ ]

Mögliche Antworten für die Übung:

1. Ich stinke auch so.
2. Solange ich noch keine Rente habe …
3. Nein, ich übe gerade lesen.

Wie fallen einem jetzt aber solche maßlos übertreibenden Antworten ein? Wie auch bei der Rückfrage gibt es wieder Vorgehensweisen, wie man mit einem bestimmten Gedankenansatz speziell auf Übertreibungen kommen kann.

Machen Sie einen Beruf daraus

Sie werden ja immer rot.
→ **Ja, kürzlich wollte mich sogar jemand als Tomate kaufen.**

Diese Antwort wirkt viel lustiger, als wenn Sie sagen würden: „Ja, stimmt, rot wie eine Tomate."

Warum? Weil das geschilderte Szenario absurder ist. Das ist ein Prinzip schlagfertiger Antworten: Je absurder das Szenario, desto schlagfertiger und lustiger wirkt es. Absurd wird es sehr oft, wenn man übertreibt, indem man aus dem Vorwurf eine Art Beruf macht. Sie sagen, dass Sie das Objekt des Vergleichs jetzt als Beruf gewählt hätten, oder dass Sie ein Engagement hätten als das Objekt, oder dass Sie solche Vorfahren hätten, oder dass Sie das Objekt schon einmal in einem früheren Leben gewesen wären usw.

Nehmen wir mal den Vorwurf von oben und spielen wir ihn mit unterschiedlichen Variationsmöglichkeiten durch.

Sie werden ja immer rot.

→ **In meiner Freizeit arbeite ich als Tomate.**

→ **Meine Vorfahren waren Tomaten.**

→ **Im früheren Leben war ich eine Tomate.**

→ **Auf dem Gemüsemarkt habe ich ein Engagement als Muster-Tomate angeboten bekommen.**

Diese Übertreibungsmöglichkeit mit dem Beruf eignet sich meist dann, wenn man Sie auf körperliche oder verhaltenmäßige Misslichkeiten aufmerksam macht. Sie sind steif, ungebildet, arrogant, oder Sie sehen alt aus, Ihre Frisur ist zerzaust, oder Sie können kein Auto fahren usw. In solchen Fällen klappt es besonders gut.

Triggersätze
- Ich hab ein Engagement als …
- In meiner Freizeit arbeite ich als …
- Meine Vorfahren waren …

Ich finde, Sie sehen schon alt aus.
→ **Stimmt, ich werde im Archäologischen Museum manchmal als Versteinerung ausgestellt.**

Du trinkst ganz schön viel.
→ **Ich hab jetzt ein Angebot bekommen, als Abflusskanal zu arbeiten.**

Autofahren kannst du aber auch nicht.
→ **Mein Vorfahre war ein Dummy.**

Hier wieder drei Angriffe für Sie zum Trainieren:

1. Ich glaube, du hast zugenommen.

____

____

2. Ich finde, Sie sind ganz schön aggressiv.

____

____

3. Du hast fettige Haare.

____

____

Wie beurteilen Sie die Technik? Vergeben Sie Punkte zwischen 1 und 10.
Meine Punktzahl: ☐

Mögliche Antworten für die Übung:

1. Stimmt, am Wochenende arbeite ich als Heißluftballon.
2. Stimmt, meine Vorfahren waren Kampfhunde.
3. Stimmt, ich arbeite als Rohstoffquelle für 'ne Schmierfett-fabrik.

Schlimmerer Vergleich

Das Essen ist schon wieder angebrannt.
→ **Ja, warte erst mal auf den Nachtisch!**

Standard
Du hättest mich mal gestern erleben sollen!

Eine besonders einfache Art, um mit der übertriebenen Zustimmung immer schöne Erwiderungen zu finden, ist, dem Vorwurf ein noch schlimmeres Verhalten gegenüberzustellen. Sie leiten Ihre Antwort ein mit: „Sie müssten mich erst mal …"

Du schnarchst so laut.
→ **Ja, du solltest mich erst mal beim Orgasmus erleben!**

Diese Replikmöglichkeit ist sehr universell und funktioniert bei der Mehrzahl aller Vorwürfe.

Ihr Service lässt zu wünschen übrig.
→ **Ja, warten Sie erst mal ab, bis Sie einen Garantiefall haben.**

Ihr Auto könnte auch wieder mal eine Wäsche vertragen.

→ **Schauen Sie erst mal meine Wohnung an.**

Ihnen fallen ja schon die Haare aus.

→ **Sie sollten erst mal mein Knie sehen.**

Kannst Du nicht mal hochdeutsch reden?

→ **Ich kann nicht mal hochdeutsch schreiben.**

Triggersatz
Du solltest erst mal ... sehen

Hier wieder drei Angriffe für Sie zum selber Üben:

1. Mein Gott, als Frau sollte man sich die Beinhaare wegrasieren.

2. Sag mal, putzt du dir ab und zu auch mal die Zähne?

3. Deine Frau ist ein Flittchen.

Wie beurteilen Sie die Technik? Vergeben Sie Punkte zwischen 1 und 10.
Meine Punktzahl:

Mögliche Antworten für die Übung:

1. Ja, Sie sollten erst mal meinen Rücken sehen!
2. Du solltest erst mal meine Füße riechen.
3. Du kennst ihre Mutter noch nicht.

Sie verwechseln das

Sie sind unweiblich.
→ **Sie verwechseln mich, ich bin ein Mann.**

Dies ist eine andere Methode, um systematisch eine Übertreibung zu formulieren. Sie sagen den Triggersatz: „Sie verwechseln das..." und anschließend erwähnen Sie das überzogene Vergleichsobjekt.

So einen kleinen Kopf wie deinen möchte ich nicht haben.
→ **Du verwechselt das, das ist eine Warze am Hals.**

Dieser Ansatz ist zwar nicht so universell wie die anderen Ansätze des maßlosen Übertreibens, aber wenn man es einmal anwenden kann, wirkt es sehr witzig.

Fräulein Kaiser, Ihr Rock ist aber heute sehr kurz geraten.
→ **Sie verwechseln das, Herr Huber, das ist mein Gürtel.**

Ich finde, Sie sehen schon alt aus.
→ **Sie verwechseln mich, ich bin eine Versteinerung.**

Sie haben eine zu laute Stimme.
→ **Sie verwechseln mich, ich bin eine Sirene.**

Triggersatz
Sie verwechseln das ...

Hier wieder drei Angriffe zum selber Üben:

1. Sie sind doch ein Flittchen.

2. Du singst immer falsch.

3. Du bist eine Flasche.

Wie beurteilen Sie die Technik? Vergeben Sie Punkte zwischen 1 und 10.
Meine Punktzahl:

Mögliche Antworten für die Übung:

1. Sie verwechseln mich, ich lebe davon.
2. Du verwechselst mich, ich bin ein Schimpanse.
3. Du verwechselst mich, ich bin ein Pappbecher.

Maßlos übertreiben als Feststellungsfrage

Sie können die Technik wie immer durch eine anschließende Frage noch wirksamer gestalten.

Hier kann man dem Angreifer eine Informationsfrage stellen, um mit einer scheinbar sachlichen Frage einen eleganten Themenwechsel einzuleiten.

Du blökst wie ein Hammel.
→ **Ich stinke auch so. Wann hast du dich zum letzenmal geduscht?**

Du bist ja immer noch nicht mit dem Studium fertig.
→ **Solange ich noch keine Rente habe? Wie lange hat dein Studium gedauert?**

Haben Sie schon mal einen Rechtschreibkurs besucht?
→ **Nein, ich übe gerade lesen. Wie schreibt man eigentlich „Auto"?**

Gehen Sie wieder zur Übung die Beispiele in diesem Kapitel durch, und hängen Sie an die jeweiligen Erwiderungen eine Frage an.

Kontern mit Bildern (12)

Hartmut Mehdorn, Generalmanager der Deutschen Bundesbahn, saß mit mehreren anderen öffentlich bekannten Personen in einer Podiumsdiskussion. Sein erklärter Widersacher an diesem Abend war Prof. H. J. Ewers, Ökonom an der TU Berlin. Mehdorn giftet: „Sie haben keine Ahnung, Sie haben doch noch nie gearbeitet und einen Schraubenschlüssel in der Hand gehalten!"

Ewers kontert:

> „Ich muss keine Eier legen können, um beurteilen zu können, ob ein Ei faul ist oder nicht."

Schallendes Gelächter im Publikum. Mit dieser Antwort waren die Punkte für die Zuschauer sofort verteilt. Eins zu null für Ewers. Was hat Ewers gemacht? Er hat einen Vergleich aus der Alltagswelt herangezogen, bei dem es für jedermann einsichtig ist, dass man kein Fachmann sein muss, um eine Sache zu beurteilen. Solche bildhaften Vergleiche aus der Alltagswelt haben eine faszinierende Wirkung auf uns.

90 Prozent Ihres gesamten Bewusstseins besteht aus Unterbewusstsein und nur 10 Prozent macht Ihr Verstand aus. Ihr Unterbewusstsein verarbeitet nur Bilder oder Gefühle.

Dass Ihr Unterbewusstsein in Bildern funktioniert, können Sie leicht an Hand Ihrer Träume überprüfen. In den Träumen sind es in der Hauptsache optische Eindrücke, die Sie verarbeiten. Dort tauchen plötzlich die Bilder von fast vergessenen Menschen aus der Vergangenheit auf, Räume aus unterschiedlichen Orten der Welt sind in einem Haus verbunden, oder Sie sind auf Bergen und sehen die Welt von oben. Beim Schlafen schläft eigentlich nur der wache Verstand, das Unterbewusstsein ist jedoch voll aktiv.

Wenn Sie mit Sprache Bilder auslösen, passiert etwas Faszinierendes: Sie umgehen den Verstand der Menschen und funken direkt in ihr Unterbewusstsein. Sie geraten direkt in den Hirnteil, der nur assoziativ verarbeitet, und dabei wird der Logikteil kurz geschlossen. Bilder haben für uns eine unvergleichliche Überzeugungskraft, die rational nicht erklärbar ist. Dieses Phänomen nutzen wir für die wirksamste schlagfertige Methode, die es gibt: Wir kontern mit Bildern.

Anna und Sabine sind in Diskussion darüber geraten, ob es besser sei, zu heiraten oder lieber unverheiratet zu bleiben. Anna, die Befürworterin, argumentiert: „Man hat Untersuchungen gemacht und festgestellt, dass verheiratete Menschen länger leben." Darauf Sabine:

> „Stimmt, ein Kanarienvogel im Käfig lebt ungefähr ein Drittel länger als ein Vogel in freier Wildbahn. Möchtest du aber deswegen lieber im Käfig leben?"

Anna schaut Sabine mit offenen Augen nachdenklich an und bringt erst einmal kein Wort mehr hervor.

Ein Jugendlicher, dessen Mutter Türkin und dessen Vater Deutscher ist, wird von einem Jungen angegriffen: „Du bist ja gar kein richtiger Deutscher, deine Mutter ist doch eine Türkin." Er kontert:

> „Weißt du, eine Suppe mit nur einem Gewürz schmeckt ziemlich fade."

Kontern mit bildhaften Vergleichen hat die größte Durchschlagskraft aller Techniken.

Die Technik ist allerdings eher in der Diskussionsfertigkeit zu Hause. Das heißt in der Schlagfertigkeit, soweit sie Business und Politik betrifft. Sie torpedieren mit Gleichnissen Zwischenrufe bei Reden, Argumente bei Verhandlungen und Einwände bei Meetings. Das Einsatzgebiet der Technik ist vor allem das Kundengespräch, Sitzungen, Verhandlungen, Diskussionen oder Interviews.

Jetzt kommt aber die große Frage: Wie kommt man auf solche Erwiderungen? Die Beispiele mögen ja gut klingen, aber wie fällt einem so etwas ein? Hier habe ich einen Ansatz entwickelt, der es Ihnen ermöglicht, eigenständig solche bildhaften Vergleiche zu finden.

Sie gehen in drei Schritten vor:

1. Wir suchen zunächst ein herkömmliches Argument.
2. Wir formulieren die Grundproblematik: „Die Grundproblematik ist …"
3. Wir fragen uns: Wo in der Alltagswelt gibt es einen Sachverhalt, bei dem die Grundproblematik ähnlich ist? „Das können Sie vergleichen mit …"

Meine Firma, Pöhm Seminarfactory, bietet einen Gleichnis-Service an, mit dem man für bestimmte Aussagen einen öffentlichkeitswirksamen bildhaften Vergleich suchen lassen kann. Schauen wir uns die Vorgehensweise an Hand einer echten Anfrage an. Ein Lehrer bekam ständig folgenden Vorwurf von Eltern zu hören: „Mein Kind hatte in den Klassen vor Ihnen viel bessere Noten. Jetzt bei Ihnen in der Abschlussklasse ist es schlecht geworden. Das muss doch an Ihnen als Lehrer liegen."

Gehen wir diesen Vorwurf einmal mit der Drei-Schritt-Methode durch.

1. Wir suchen zunächst ein herkömmliches Argument.

Der Lehrer erklärte mir das herkömmliche, sachliche Argument, wieso die Schüler bei ihm im Durchschnitt schlechter bewertet werden als in den Vorklassen: „In den Klassen vor mir werden leider oft gute Noten verteilt, um den Eltern zu gefallen. Da gibt's keine staatliche Abschlussprüfung, die den echten Leistungsstand kontrolliert. Ich in der Abschlussklasse habe das Problem, dass ich nach der staatlichen Prüfungsordnung die echte Leistung beurteilen muss.“

Das ist das linkshirnige Argument, das nur die Logik anspricht. Das allein würde vielleicht schon reichen – wir gehen aber weiter.

2. Die Grundproblematik formulieren: „Die Grundproblematik ist ….“

Jetzt kommt ein wichtiger Schritt. Wir müssen genau definieren, welche Grundproblematik in dem Argument steckt, die wir dann in einem ähnlichen Bild aus der bekannten Alltagswelt wiederfinden müssen. Die Grundproblematik hier lässt sich so umschreiben: „Es wird zum Wohlgefallen einer Person ein größerer Inhalt vorgaukelt, als real vorhanden ist.“

3. In der Alltagswelt einen Sachverhalt suchen, bei dem die Grundproblematik ähnlich ist: „Das können Sie vergleichen mit …“

Wir stellen uns jetzt die Frage: Wo gibt es eine Situation da draußen in der Alltagswelt, die alle kennen, in der jemand zum Wohlgefallen der anderen einen größeren Inhalt vorgaukelt, als real vorhanden ist? Wichtig ist, dass jeder dieses Vergleichsbild gut kennt. Jetzt kommt der kreativste Teil des Vorgehens. Sie triggern Ihr Hirn mit dem Satz: „Das können Sie vergleichen mit … Das können Sie vergleichen mit … Das können Sie vergleichen mit …“ und warten jetzt, welche Alltagssituation Ihnen Ihr Hirn dazu zur Verfügung stellt. Da muss man assoziativ suchen – die erste Lösung wird nicht unbedingt nicht die beste sein. Das muss sie auch nicht, denn plötzlich haben Sie genau das Bild, das passt. Das ist wie Lotto spielen. Sie müssen oft genug spielen, bis irgendwann ein Gewinn anfällt. Zu dem Lehrervorwurf ist mir schließlich folgender Vergleich eingefallen:

„Das ist dasselbe, als wenn der Bankangestellte, um Ihnen eine Freude zu machen, immer per Hand eine Null an Ihrem Haben auf dem Kontoauszug dazumalt. Sie wundern sich dann beim Geldabheben, dass Sie dieses Geld nicht wirklich bekommen. Meine Aufgabe ist es, Ihnen ohne rosarote Brille klarzumachen, was wirklich auf dem Konto ist."

Überprüfen Sie noch einmal die Wirkung im Zusammenhang, wenn Sie direkt den Vorwurf mit der anschließenden Bildhafter-Vergleich-Erwiderung hören.

Bei den anderen Lehrern war mein Kind viel besser – das liegt an Ihnen als Lehrer.
→ **Ihr Kind ist bei mir in der Abschlussklasse, wo's zum Schluss die staatliche Prüfung gibt. Die Lehrer vorher konnten gefahrlos schönfärbende Noten verteilen. Das ist dasselbe, als ob Ihnen der Bankangestellte auf Ihrem Kontoauszug immer eine Null dazugemalt hat. Ich habe die Aufgabe, Ihnen klarzumachen, was wirklich auf dem Konto ist.**

Triggersätze
- Das ist dasselbe wie …
- Das können Sie vergleichen mit …
- Das gleicht …

Ein Sachargument bekommt eine Dimension an Gewichtung dazu, wenn Sie es in Bilder übersetzen. Sie können sicher sein, dass das funktioniert.

Nehmen wir ein zweites Beispiel, damit Sie die Vorgehensweise verinnerlichen. Angenommen, Sie gehen mit Ihrer Clique brunchen. Ein

Riesen-Brunchbuffet ist im Restaurant aufgebaut. Nach zwei Stunden haben Sie genug und wollen gehen. Aber einige in der Clique sagen: „Ich habe bezahlt, ich hab' noch nicht alles durchgekostet. Ich will bis zum Schluss bleiben." Mit welchem bildhaften Vergleich können wir erwidern?

Wir suchen mit der Drei-Schritt-Methode:

1. **Wir suchen zunächst ein herkömmliches Argument.**

Es ist doch sinnlos, wenn man schon satt ist, sich weiter den Magen vollzuschlagen, nur weil man bezahlt hat.

2. **Die Grundproblematik formulieren: „Die Grundproblematik ist …"**

Die Grundproblematik hier lässt sich so umschreiben: „Das Einfordern einer bezahlten Leistung als Selbstzweck ist sinnlos."

3. **In der Alltagswelt einen Sachverhalt suchen, bei dem die Grundproblematik ähnlich ist: „Das können Sie vergleichen mit …"**

Wir stellen uns jetzt die Frage: Wo gibt es eine Situation da draußen in der Alltagswelt, die alle kennen und uns logisch ist, in der jemand eine bezahlte Leistung einfordert, aber jedermann erkennt, dass es ohne Nutzen ist? Sie triggern Ihr Hirn wieder mit dem Satz: „Das können Sie vergleichen mit … Das können Sie vergleichen mit …" Hier ein mögliches Ergebnis:

„Das ist dasselbe, wie wenn jemand zurück zu seinem Auto kommt, aber geduldig an der Parkuhr wartet, bis die bezahlte Zeit abgelaufen ist."

Schauen wir uns wieder Rede und Widerrede im Fluss an:

Ich hab bezahlt, da will ich auch bis zum Schluss bleiben.

→ **Das ist dasselbe, wie wenn jemand zurück zu seinem Auto kommt, aber geduldig an der Parkuhr wartet, bis die bezahlte Zeit abgelaufen ist.**

Auch wenn Sie Unrecht haben – durch Bilder werden Sie ins Recht gesetzt.

Sie erkennen an der Vorgehensweise, dass dies eine Technik ist, die Sie nur in Ausnahmefällen spontan aus dem Ärmel schütteln können. Im Normalfall ist dies eine Methode, mit der Sie sich im stillen Kämmerlein vorbereiten, um dann einen immer wiederkehrenden Einwand wie mit einem Pflock ausräumen können.

Wenn allerdings Ihr bildhafter-Vergleich-Muskel im Gehirn mit der Zeit trainiert ist, braucht es manchmal auch keine Vorbereitungszeit mehr, dann fallen Ihnen auch spontan solche Erwiderungen ein.

Nun noch ein Beispiel, mit dem Sie, liebe Leser, selbst üben sollen:

Sie sind Anlageberater und haben einen Kunden bei sich. Der Kunde ist auf Sicherheit bedacht. Sie wollen ihn davon überzeugen, dass er Geld in einem Aktienfonds investiert, weil es auf lange Sicht viel mehr Geld abwirft. Er aber kontert: „Bei meinen festverzinslichen Anlagen, da weiß ich, welches Ergebnis ich habe. In den Fonds kann mein Geld plötzlich weniger wert sein. Das hab' ich erlebt. Es geht nur gut, wenn ich Glück habe. Das Risiko ist mir zu groß."

Bitte wenden Sie jetzt die Drei-Schritt-Methode an.

1. Wir suchen zunächst ein herkömmliches Argument.

2. Die Grundproblematik formulieren: „Die Grundproblematik ist …" Formulieren Sie die Grundproblematik, die das Problem, das wir dann in der Alltagswelt wiederfinden wollen, abstrakt beschreibt.

3. In der Alltagswelt einen Sachverhalt suchen, bei dem die Grundproblematik ähnlich ist: „Das können Sie vergleichen mit …"

Mögliche Lösungen:

1. „Klar geht der Fonds auch manchmal ins Minus. Aber auf lange Sicht vermehrt sich Ihr Geld viel schneller. Das Risiko wird ausgeglichen, das haben alle Fonds bewiesen."
2. Die Grundproblematik hier lässt sich so umschreiben: „Wenn man mehr Risiko eingeht, ist man auf lange Sicht erfolgreicher."
3. „Können Sie sich erinnern, wie Sie als Kind Fahrrad gefahren sind? Der Vater hat Ihnen Stützrädchen ans Fahrrad gemacht und Sie konnten nicht umfallen. Sie waren sicher. Irgendwann hat man Ihnen die Stützrädchen weggenommen. Klar sind Sie ein paar Mal hingefallen. Sie haben ein Stück Sicherheit verloren – aber jetzt kommen Sie 10 Mal schneller ans Ziel."

Notieren Sie Ihren bildhaften Vergleich als Erwiderung auf das Beispiel, und schauen Sie sich Rede und Erwiderung in einem Stück an.

„Bei meinen festverzinslichen Anlagen, da weiß ich, was ich habe. In den Fonds kann mein Geld plötzlich weniger wert werden. Das geht nur gut, wenn ich Glück habe. Das Risiko ist mir zu groß."

Sparen in einem Fonds können Sie vergleichen mit Fahrrad fahren. Als Kind hatten Sie Stützrädchen an Ihrem Fahrrad – Sie waren sicher aber langsam damit. Irgendwann hat man Ihnen die Stützrädchen weggenommen. Klar sind Sie ein paar Mal hingefallen. Sie haben ein Stück Sicherheit verloren – aber danach kamen Sie 10 Mal schneller ans Ziel.

Bildhafte Vergleiche haben nicht nur eine phänomenale Außenwirkung, sondern sie überzeugen den anderen wirklich. Das heißt, wenn der bildhafte Vergleich trifft, kommt der andere mindestens innerlich ins Schwanken oder er denkt gar: „Ja – da hat er Recht!". Es ist phänomenal, wie Bilder in der Lage sind, die Logik des Menschen zu umgehen. Sie kontern damit nicht nur bravourös, sondern Ihr Gegenüber akzeptiert im Normalfall auch Ihre Argumente auf einer tiefen unterbewussten Ebene.

Wenn eine Strategie diese beiden Ansprüche gleichzeitig erfüllt, dann verdient sie den Titel „Das NonPlusUltra der Schlagfertigkeit".

Die Methode „bildhafter Vergleich" verdient diesen Titel allemal – zumal sich damit nicht nur effektiv kontern lässt, sondern sie sich auch besonders gut eignet, um eigene Argumente anderen plausibel zu machen. Für die Schweizer Regierung habe ich einmal einen bildhaften Vergleich entwickelt, dem folgender Sachverhalt zu Grunde lag.

Die nationale Airline Swissair stand damals kurz vor der Pleite. Jetzt ging es von der Regierungsseite darum, möglichst viele Wirtschaftsunternehmen der Schweiz dazu zu bringen, sich an einer neu zu gründenden Airline finanziell zu beteiligen. Das Sachargument lautete: Wenn die Swissair mit insgesamt 70.000 Angestellten pleite geht, zieht der Konkurs die ganze Schweizer Nationalökonomie in Mitleidenschaft und dieser Konkursstrudel schadet in letzter Konsequenz auch jeder einzelnen Firma.

Folgenden bildhaften Vergleich habe ich zur Überzeugungsarbeit entwickelt:

> Die Nationalwirtschaft ist vergleichbar mit einem Binnenmeer. Jede einzelne Firma ist ein Zufluss, der dieses Binnenmeer speist. Nun gibt es aber einen großen Hauptzufluss. Wird der Hauptzufluss gestoppt, sinkt der Wasserspiegel des Meeres. Damit gibt es weniger Niederschläge in der Region und plötzlich führen auch alle Nebenflüsse weniger Wasser. Bis eines Tages alle Zuflüsse nur noch Rinnsale oder ganz verschwunden sind. So ist es auch mit Ihrer Firma. Wenn die Swissair als Hauptzufluss stirbt, schadet das auch Ihnen. Wenn Sie die neue Airline stützen, stützen Sie automatisch das Überleben Ihrer eigenen Firma.

Das Sachargument hat durch das Einpacken in einen bildhaften Vergleich eine multiplizierte Überzeugungskraft. Es ist der Schweizer Regierung damals übrigens gelungen, das benötigte Geld aus der Wirtschaft für die neue Airline zusammenzutragen.

Im Folgenden schildere ich Ihnen nun drei Möglichkeiten, wie Sie die Wirksamkeit von bildhaften Vergleichen noch steigern können.

Fragen sind besser

Sie erreichen mit bildhaften Vergleichen oftmals eine noch größere Wirksamkeit, wenn Sie den bildhaften Vergleich in Form einer Frage formulieren. Nehmen wir an, Sie wollen folgendes Argument torpedieren: „Bei einem Bewerbungsgespräch ist es wichtig, mit einem gepflegten Outfit zu erscheinen." Das Sachargument könnte lauten: „Wenn sich einer schön anzieht, lässt das noch keine Rückschlüsse auf sein Können zu." Das kleiden wir in folgenden bildhaften Vergleich: „Gepflegtes Outfit ist nicht wichtig. Das ist dasselbe, wie wenn Sie eine goldene Bohrmaschine kaufen, in der Hoffnung, dass sie bessere Löcher bohrt."

Die Wirksamkeit können Sie jetzt erhöhen, indem Sie den bildhaften Vergleich in Frageform formulieren. Sie fragen: „Meinen Sie, eine goldene Bohrmaschine bohrt bessere Löcher?" Die Antwort muss jetzt der andere geben, und indem er Ihnen zustimmt, hat er selbst sein eigenes Argument entkräftet. Damit gewinnen Sie eine noch größere Überzeugungskraft.

Oder nehmen wir als Beispiel den Einwand von oben: „Ich habe bezahlt, ich bleibe bis zum Schluss." Auch hier können wir die Wirksamkeit der Parkuhr-Antwort erhöhen, indem wir sie als Frage formulieren.

„Ich habe eine Frage an Sie: Bleiben Sie, wenn Sie zu Ihrem Auto zurückkommen und auf der Parkuhr ist noch Zeit übrig, weiter an der Parkuhr stehen, bis die bezahlte Zeit abgelaufen ist?" Fast ohne Ausnahme wird der andere mit Nein antworten. Auch hier ist die Wirksamkeit größer, weil er sich quasi selbst überzeugt hat.

Das Frage-Antwort-Spiel

Wenn Sie ein größeres Publikum vor sich haben, so können Sie auch mit einzelnen Personen im Publikum durch ein Frage-Antwort-Spiel in Dialog treten. Das ist vor allem dann wirksam, wenn aus dem Publikum ein Zwischenruf kommt. Da sagt einer zum Beispiel während Ihrer Präsentation: „Was Sie da sagen, das ist absolut nichts Neues. Das wissen wir schon alles.“

Ihr Sachargument könnte lauten: „Wichtig ist nicht, dass Sie's wissen, sondern dass Sie's auch tun. Deswegen wiederhol ich's.“ Das könnten Sie nun mit folgendem bildhaften Vergleich untermauern: „Wissen allein genügt nicht. Das können Sie vergleichen mit einem Raucher, der sich das Rauchen abgewöhnen will. Er weiß ja, dass es schädlich ist, aber er lässt es trotzdem nicht. Wenn ich ihn jetzt dazu bringe, das zu tun, was er schon längst weiß, ist das ein Riesenerfolg.“

Diesen bildhaften Vergleich können Sie jetzt noch wirksamer inszenieren. Sie machen einen Dialog mit dem Publikum: „Wer von Ihnen raucht? Hand hoch.“ Sprechen Sie jetzt einen an, der die Hand gehoben hat. „Haben Sie schon mal gehört, dass Rauchen schädlich ist?“ Seine Antwort ist vermutlich ein verknautschtes: „Ja.“ Jetzt fragen Sie: „Warum lassen Sie's dann nicht?“ Und ziehen dann für alle die Schlussfolgerung: „Sehen Sie, das Problem ist: Wir wissen so viele Dinge, aber wir tun sie nicht.“

Mit so einem Frage-Antwort-Dialog in Form von bildhaften Vergleichen werden Sie vom Publikum zu einer Ikone verklärt.

Machen Sie den Abschlusssatz: „Genauso ist es mit …“

Die Wirksamkeit eines bildhaften Vergleichs können Sie noch einmal steigern. Sie fügen ganz einfach nach dem bildhaften Vergleich noch eine Schlussfolgerung an, die das Bild wieder mit der Ausgangssituation verquickt. Dieser Abschlusssatz beginnt mit den Worten: „Genauso ist es mit …“

Nehmen wir noch einmal den bildhaften Vergleich mit dem Raucher von oben als Beispiel. Der bildhafte Vergleich lautete: „Wissen allein genügt nicht. Das können Sie vergleichen mit einem Raucher, der sich das Rauchen abgewöhnen will. Er weiß, dass es schädlich ist, aber er lässt es trotzdem nicht.“ An diesen bildhaften Vergleich schließen Sie jetzt an: „Genauso ist es mit dem, was ich Ihnen erzähle: Sie wissen es, aber Sie setzen es nicht um.“ Diese Schlussfolgerung macht den vorhergehenden bildhaften Vergleich noch zwingender.

Denselben verstärkenden Abschlusssatz könnten wir auch auf den bildhaften Vergleich mit der Parkuhr anwenden. Der bildhafte Vergleich lautete:

„Ich habe eine Frage an dich: Bleibst du, wenn du zu deinem Auto zurückkommst und auf der Parkuhr ist noch Zeit übrig, weiter an der Parkuhr stehen, bis die bezahlte Zeit abgelaufen ist?“ Das war der bildhafte Vergleich wie bisher und jetzt, nachdem der andere mit „Nein“ geantwortet hat, schließen Sie an: „Genauso ist es hier, wenn du bis zum Schluss der Veranstaltung wartest, nur weil du bezahlt hast.“ Mit so einem Abschlusssatz empfinden wir den bildhaften Vergleich noch logischer als vorher.

Die höchste Wirksamkeit von bildhaften Vergleichen erreichen Sie, wenn Sie ihn erstens in Frageform formulieren und zweitens danach noch die Schlussfolgerung ziehen: „Genauso ist es mit …“ Noch besser ist es sogar, wenn Sie ein Frage-Antwort-Spiel mit dem Gegenüber machen.

Zur Wirksamkeit von bildhaften Vergleichen

Die Bibel strotzt nur so von bildhaften Vergleichen, Gleichnisse genannt. Nur wenige Gleichnisse sind wirklich einfach zu verstehen, die meisten versteht man leider selbst nach mehrmaligem Durchlesen nicht. „Mit dem Himmelreich ist es wie mit dem Sauerteig, den eine Frau unter einen großen Trog mischte, bis das Ganze durchsäuert war.“ (Matthäus 13,33)

Ich bin überzeugt, selbst zur damaligen Zeit haben die meisten Leute viele dieser Gleichnisse gar nicht auf Anhieb kapiert. Ein bildhafter Vergleich muss direkt ins Unterbewusstsein funken und ohne Energieaufwand vom Zuhörer zu verstehen sein. Beim Gleichnis mit dem Unkraut unter dem Weizen (Matthäus 13, 24–30) haben die Jünger später bei Jesus verhuscht nachgefragt, was er denn damit eigentlich gemeint hat (Matthäus 13, 36–34). Obwohl das noch eins von den einfacheren war. Jesus hätte eine größere Verständlichkeit erreicht, wenn er immer den Schlüsselsatz: „Seht, genauso ist es mit …“ am Ende angeführt hätte.

In meinen Seminaren zur Schlagfertigkeit begegne ich immer wieder einem Einwand. Ich stellte eine Technik vor und ein Teilnehmer schildert mir dann einen Anwendungsfall, wo er der Meinung ist, dass diese Technik nicht funktionieren würde. Früher habe ich immer Folgendes erwidert: „Es gibt keine Technik, die in 100 Prozent der Fälle funktioniert. Alles, was ich versprechen kann, ist, dass sie in 80 Prozent funktioniert. Das reicht aber voll und ganz.“

Das ist das Sachargument. Seit neuestem gebe ich aber einen bildhaften Vergleich als Antwort. Achten Sie bitte einmal darauf, wie sehr sich dadurch die Überzeugungskraft verbessert. Ich arbeite dabei mit einem Frage-Antwort-Spiel. Der Einwand ist also: „Bei diesem und jenem Fall funktioniert die Technik nicht.“

Meine Antwort: „Kennen Sie Roulette?“ Der Teilnehmer: „Ja.“ – Ich: „Beim Roulette gibt es genauso viele rote wie schwarze Zahlen. Wenn Sie auf eine rote Zahl setzen und es fällt Rot, bekommen Sie Ihren doppelten Einsatz ausbezahlt. Stellen Sie sich vor, Sie hätten einen Roulettekessel, in dem sich 80 Prozent rote Zahlen befinden und nur 20 Prozent schwarze. Auf welche Farbe würden Sie setzen? Rot oder schwarz?" Antwort des Teilnehmers: „Rot, natürlich." Darauf ich: „Stellen Sie sich vor, plötzlich fällt eine schwarze Zahl. Ist deswegen Ihr System falsch?" Antwort des Teilnehmers: „Nein." Darauf ich: „Sehen Sie, genauso ist es auch mit der Schlagfertigkeits-Technik. Es funktioniert nicht immer, aber das System ist trotzdem richtig."

Es ist faszinierend zu erleben, wie ein Sachargument einen Multiplikationsfaktor an Wirkung bekommt, wenn es in einen bildhaften Vergleich übersetzt wird.

Was ich bei der Beschäftigung mit bildhaften Vergleichen bemerkt habe ist, dass die Urform der bildhaften Vergleiche, die Sprichwörter, praktisch keine Wirkung mehr haben. Hören Sie sich selbst den Unterschied an:

Während eines Seminars kommt von einem Teilnehmer der Einwand: „Bei Seminaren ist es egal, in welchen Kleidern man zum Seminar kommt. Wichtig ist das, was man beim Seminar von sich gibt." Der Seminarleiter will aber auf die Bedeutung von Kleidern aufmerksam machen und sagt: „Wenn Sie auf dem Gemüsemarkt einkaufen gehen und Sie sehen auf der einen Seite einen verwelkten zusammengeschrumpften Salatkopf und auf der anderen Seite eine knackig frischen Salatkopf – welchen der Salatköpfe würden Sie kaufen?" Der Teilnehmer: „Den knackigen natürlich." Darauf der Seminarleiter: „Sehen Sie, so ist es auch mit Ihren Kleidern hier im Seminar. Ihre äußere Schale entscheidet mit darüber, ob man Sie kauft oder liegen lässt."

Und jetzt hören Sie sich vergleichend den zweiten Konter an. Der Seminarleiter kontert mit einem etablierten Sprichwort: „Ziehen Sie sich bei einem Seminar ordentlich an. Sie wissen ja, Kleider machen Leute …".

Mein Tipp:
Vermeiden Sie altbekannte Sprichwörter – Schaffen Sie *neue* bildhafte Vergleiche

So ein Spruch überzeugt einfach niemanden mehr. Das ist ausgelutscht und hat null Wirkung. So geht es im Prinzip mit allen Sprichworten. „Man muss das Rad nicht neu erfinden“, „Es ist noch kein Meister vom Himmel gefallen“, „Wie man in den Wald hineinruft, schallt es heraus“, „Ein Bild sagt mehr als tausend Worte“, „Wer andern eine Grube gräbt, fällt selbst hinein“, „Das Auge isst mit“ ... und all die anderen etablierten Redewendungen haben keine echte Durchschlagskraft. Vermeiden Sie sie. Seien Sie kreativ und schaffen Sie *neue* bildhafte Vergleiche – denn damit halten Sie eine Wunderwaffe in der Hand.

Bildhafte Vergleiche als universelle Erwiderungen

Viele bildhafte Vergleiche stellen universelle Erwiderungen dar, die man auf unterschiedliche Ausgangssituationen anwenden kann. Damit sich Ihr Bildhafter-Vergleich-Muskel entwickelt, ist es hilfreich, bereits ein Repertoire an bildhaften Vergleichen zu kennen.

Meine Empfehlung: Legen Sie sich eine Bibliothek mit bildhaften Vergleichen zu. Je mehr bildhafte Vergleiche Sie bereits kennen, desto mehr schaffen Sie sich dadurch ein Wissensnetz, aus dem heraus immer neue kreative Ideen entstehen.

Legen Sie sich eine bildhafte Vergleichs-Kartei an, die Sie immer wieder regelmäßig durchgehen. Vor allem vor Sitzungen, Diskussionsrunden und Verhandlungen, wo Sie erwarten können, immer wieder denselben Argumenten zu begegnen.

Hier im Buch mache ich einen Beginn. Im Anschluss stelle ich Ihnen sechs bildhafte Vergleiche vor, die Sie auf verschiedene unterschiedliche Situationen anwenden können. Zum entsprechenden bildhaften Vergleich beschreibe ich immer drei weitere Situationen, auf die dieser angewandt werden könnte.

1. Der Wegweiser

Einwand:

> Sie haben sich gerade selbst nicht an Ihre Regel gehalten. Sie sagen uns, Zucker ist ungesund, und Sie selbst geben sich Zucker in den Kaffee. Ein Ernährungsberater sollte mit gutem Beispiel vorangehen und selbst tun, was er predigt.

Bildhafte Vergleichs-Erwiderung:

> Stellen Sie sich vor, Sie laufen in einer Gegend, in der Sie sich nicht auskennen. Auf einmal kommen Sie an eine Weggabelung, an der vier unterschiedliche Wege abgehen. Sie wissen nicht wohin. Plötzlich entdecken Sie einen Wegweiser, der Ihnen die Richtung zeigt. Der Wegweiser muss wissen, wo es langgeht, aber er selbst muss nicht den Weg gehen, den er weist. So ist es auch mit einem Ernährungsberater.

Auf folgende Grundproblematik lässt sich der Wegweiser-Vergleich immer anwenden: Jedesmal, wenn der Einwand fällt, man wolle jemandem etwas beibringen, was man aber selbst nicht beherzige.

Drei weitere Einwände, auf die dieser bildhafte Vergleich passt:

- Sie wollen uns hier Pünktlichkeit beibringen, aber Sie kommen selbst immer zu spät.

- Ich frage mich, wie einer ein Führungsseminar halten will, der selbst noch nie eine Führungsposition inne hatte.
- Sie müssen gerade von Freundlichkeit reden! Ich habe schon Beschwerdebriefe von Kunden gelesen, die sich über SIE beschwert haben!

2. Der Holzfäller:

Einwand:

Ich kann kein Seminar besuchen, ich habe keine Zeit für so etwas.

Bildhafte Vergleichs-Erwiderung:

Ein Mann läuft durch einen Wald und sieht einen Holzfäller arbeiten. Er zählt die Bäume, die der Holzfäller bis dahin gefällt hat. Er zählt zehn Bäume. Am nächsten Tag kommt er zur selben Zeit wieder des Weges und er sieht, dass der Holzfäller nur acht Bäume gefällt hat. Am nächsten Tag sind es nur noch fünf Bäume. Er hält an und fragt ihn: „Warum fällst du von Tag zu Tag immer weniger Bäume?" Darauf der Holzfäller: „Weißt du, mein Beil ist nicht mehr so scharf wie am ersten Tag." – „Warum schärfst du es dann nicht?" Darauf er: „Ich hab' keine Zeit, ich muss Bäume fällen ..." Genauso ist es auch mit den Seminaren. Die investierte Zeit kommt später zig-fach wieder herein.

Die Grundproblematik, auf die sich der Holzfäller-bildhafte-Vergleich immer anwenden lässt:

Jedesmal, wenn jemand sagt: Dafür habe ich keine Zeit. Ich habe Wichtigeres tun. Aber die Zeit, die investiert wird, kommt um ein Vielfaches als späterere Vereinfachung wieder zurück.

Drei weitere Einwände, auf die dieser bildhafte Vergleich passt:

- Das neue Datenbanksystem im Betrieb einzuführen, kostet nur Zeit. Bis jetzt ist es ja auch ohne gegangen.
- Ich kann keine Übersicht über meine Büroordner machen, ich habe Wichtigeres zu tun.
- Für jeden unserer Mitarbeiter einen Telefongesprächs-Leitfaden zu entwickeln, ist zu aufwändig und dafür habe ich keine Zeit.

3. Das Baby-Krabbeln

Der Einwand:

Nehmen Sie doch wieder einen normalen Anzug. Es muss doch nicht immer Seide sein.

Bildhafte Vergleichs-Erwiderung:

Wer einmal laufen gelernt hat, will nie mehr zum Krabbeln zurück. So ist es auch mit dem Seidenanzug.

Die Grundproblematik, auf die sich dieser bildhafte Vergleich immer anwenden lässt:

Jedesmal, wenn Sie eine Errungenschaft nicht mehr aufgeben wollen.

Drei weitere Einwände, auf die der Krabbel-bildhafte-Vergleich passt:

- Gibt doch deine Selbstständigkeit auf, du kannst ja wieder angestellt sein.
- Warum willst du immer mit zwei Männern Sex haben, einer reicht doch.
- Hier, das Fahrrad-Einsteigermodell ist sagenhaft billig. Da sparst du viel Geld gegenüber dem High-Tech-Fahrrad, das du sonst immer hast.

4. Wolfgang Amadeus Mozart

Der Einwand:

Ihre Methode benutzt mein Bruder ständig, das macht mich aggressiv.

Bildhafte Vergleichs-Erwiderung:

Stellen Sie sich vor, Ihr Nachbar hat ein Klavier und spielt ein wunderschönes Musikstück von Mozart. Das Problem ist, er spielt nur dieses Stück. Tag und Nacht, Tag für Tag, Woche für Woche. Irgendwann können Sie es nicht mehr hören. Nur weil er es im Übermaß spielt, ist Mozart deswegen kein schlechter Komponist. Genauso ist es auch mit dieser Methode.

Die Grundproblematik, auf die sich der Mozart-bildhafte-Vergleich immer anwenden lässt:
Jedesmal, wenn etwas im Übermaß angewendet wird und der Einwand kommt, deswegen sei es im Grunde schlecht.
Drei weitere Einwände, auf die dieser Vergleich passt:

- Ihr Produkt sehe ich überall, ich will was anderes.
- Das Kleid gefällt mir nicht, das hat jetzt jedes Kaufhaus.
- Mein Lieferant schickt mir jedes Jahr ein Glockenspiel zu Weihnachten. Glockenspiele hängen mir zum Hals raus.

5. Der Steinmetz

Der Einwand:

Ich habe drei Mal Mentaltraining gemacht und nie ist was dabei rausgekommen.

Bildhafte Vergleichs-Erwiderung:

Ein Steinmetz haut ungefähr 200 bis 300 Mal auf die exakt selbe Stelle im Stein, ohne dass sich irgend etwas sichtbar verändert. Erst beim vielleicht 301ten Mal springt der Stein plötzlich auseinander. Aber jeder einzelne der vorhergehenden Schläge war notwendig. So ist es auch mit dem Mentaltraining.

Die Grundproblematik, auf die sich der Steinmetz-Vergleich immer anwenden lässt:

Jedesmal, wenn man jemandem klarmachen will, dass die Dauerhaftigkeit entscheidend ist, um einen sichtbaren Erfolg zu erreichen.

Drei weitere Einwände, auf die dieser Vergleich passt:

- Ich mache jetzt schon zwei Jahre Kundenevents, aber die Kunden kaufen immer noch genauso oft bei der Konkurrenz.
- Die Werbekampagne läuft schon drei Monate. Aber das Image unseres Produkts ist immer noch zu weiblich.
- Unsere Lobbyarbeit bei den Parlamentariern hat nichts gebracht. Wir haben immer noch kein neues Gesetz.

6. Der Fußballweltmeister

Der Einwand:

Ihre Internet-Handelsplattform haben Sie gar nicht erfunden, da gibt es andere, die waren weit vor Ihnen da.

Bildhafte Vergleichs-Erwiderung:

Die Engländer haben den Fußball erfunden. Wissen Sie, wer im Moment Fußballweltmeister ist? Die

Brasilianer. Sehen Sie, so ist es auch mit der Internetplattform. Der Erfinder einer Idee muss nicht sein bester Anwender sein. Andere waren vor uns da, aber wir haben die Nase vorn.

Die Grundproblematik, auf die sich dieser bildhafte Vergleich immer anwenden lässt:

Jedesmal, wenn Sie deutlich machen wollen, dass nur, weil jemand etwas vorher schon gemacht hat, er noch lange nicht der Erfolgreichere sein muss.

Zwei weitere Einwände, auf die der Fußballweltmeister-Vergleich passt:

- Ein neues Buch über Ernährung brauchen wir nicht – es gibt schon so viele.
- Die Marketingidee gab´s schon mal. Die brauchen wir nicht mehr.

Im Internet habe ich auf meiner Homepage *www.poehm.com* eine Bibliothek bildhafter Vergleiche zur Verfügung gestellt. Dort finden Sie weitere 20 universell einsetzbare bildhafte Vergleiche.

Ihre Aufgaben:

Hier wieder drei Aufgaben für Sie zum selber Üben. Bitte finden Sie zu den Einwänden und dem gegebenen Sachargument einen bildhaften Vergleich.

1. *Der Einwand:*
   Mein Vermögen bilde ich so: Ich spare immer dann, wenn ich mal was übrig habe.
   Das Sachargument:
   Sie sehen nur dann den Erfolg, wenn Sie regelmäßig sparen.

Bildhafte Vergleichs-Erwiderung:

2. *Der Einwand:*
   Ihre Methode ist doch Manipulation!
   Das Sachargument:
   Die Methode kann nichts dafür, wenn sie jemand missbraucht.
   Bildhafte Vergleichs-Erwiderung:

3. *Der Einwand:*
   Ich kenne jemand, der hat Ihr Gerät ausprobiert und es hat nicht geklappt.
   Das Sachargument:
   Nur weil einmal jemand daran gescheitert ist, heißt das noch lange nicht, dass das Gerät schlecht ist.
   Bildhafte Vergleichs-Erwiderung

Wie beurteilen Sie die Technik? Vergeben Sie Punkte zwischen 1 und 10.

Meine Punktzahl: [ ]

Mögliche Antworten für die Übung:

1. Reicht es einmal Sport zu treiben, um Muskeln zu bekommen? So ist es auch mit dem Sparen. Um sich ein Vermögen anzusparen, müssen Sie es regelmäßig tun.
2. Mit einem Messer können Sie Brot schneiden und mit einem Messer können Sie einen Menschen töten. Das Messer ist unschuldig – das Instrument kann nichts dafür, was Sie mit ihm anstellen. So ist es auch mit meiner Methode. Jede Methode ist erst einmal wertneutral. Es ist die Absicht des Anwenders, die sie zu einem Hilfsmittel oder einem Mordinstrument macht.
3. Nur weil man auf der Skipiste einmal hinfällt, ist nicht bewiesen, dass Ski fahren nichts taugt. So ist es auch mit diesem Gerät.

Gegenmittel gegen bildhafte Vergleiche

Jeder, ausschließlich jeder bildhafte Vergleich hinkt und kann insofern sofort ausgehebelt werden, falls *Ihnen* einer mit einem bildhaften Vergleich kommt.

Das Problem ist, dass bildhafte Vergleiche leider gar nichts beweisen. Sie funktionieren wunderbar, aber beweisen halt nichts. Wenn Sie bildhafte Vergleiche benutzen, so sprechen Sie den assoziativen Gehirnteil an. Dort hat die Logik kein Zuhause. Wenn Sie den bildhaften Vergleich wieder auf die Logik zurückführen, sieht der Vergleichgeber nachher ziemlich betrübt aus.

Nehmen wir als Beispiel den bildhaften Vergleich vom Lehrer, der argumentiert, die Lehrer in der Vorklasse hätten immer nur schönfärbend benotet, so wie ein Bankangestellter, der immer eine Null an die Kontoauszüge malt.

So können Sie jeden bildhaften Vergleich aushebeln: Zunächst bewerten Sie den bildhaften Vergleich mit einem klaren Aussagesatz, als falsch, abwegig, hinkend oder schwach, um dann mit einer speziellen Satzkonstruktion die Widersprüchlichkeit zu belegen.

Die Satzkonstruktion geht so:

Aus der Tatsache, dass ... [hier kommt der bildhafte Vergleich] kann kein Beweis für ... [hier kommt die Orginalsituation] abgeleitet werden.

Übertragen auf den bildhaften Vergleich mit dem Kontoauszug:

> Der bildhafte Vergleich ist mehr als schwach. Aus der Tatsache, dass ein Bankangestellter Nullen an einen Kontoauszug hinmalen kann, kann kein Beweis für die Qualität von Ihnen als Lehrer abgeleitet werden.

Merken Sie sich diese Taktik, um gegebenenfalls gegen bildhafte Vergleiche Ihres Gegenübers vorzugehen. Damit sind Sie ihm wieder einen Schritt voraus.

IV. Die kreativsten Techniken der Schlagfertigkeit

Unter meinen Seminarteilnehmern registriere ich zwei unterschiedliche Typen. Etwa zwei Drittel der Teilnehmer haben ganz klar nur den Business-Anwendungsfall der Schlagfertigkeit im Sinn – das ist das, was ich als Diskussionsfertigkeit umschreibe. Das restliche Drittel, meist die Jüngeren unter meinen Teilnehmern, hat vermehrt die Erwiderungsfertigkeit und Witzfertigkeit im Sinn, wenn sie ins Seminar kommen.

Meine Erfahrung zeigt, je jünger der Mensch, umso häufiger erleben sie, dass sowohl im Alltags- als auch im Berufsumfeld mit sprachlich härteren Bandagen reagiert wird. Das zweite Phänomen, das ich feststelle: Junge Menschen leben in einem Umfeld, wo das Bedürfnis nach Humor größer ist. Sie lachen objektiv öfter und sind viel ausgelassener.

Ich weiß nicht, ob die heutigen Jugendlichen, wenn sie mal älter sind und Kinder haben, auch wieder nur auf den Business-Anwendungsfall schielen, oder ob sich da nicht ein Wandel bemerkbar macht. Was ich feststelle, ist, dass bei den heutigen Kindern und Jugendlichen ein eindeutig frecherer Umgangston vorherrscht als zu der Zeit, in der ihre Eltern noch in diesem Alter waren. Frechheit und Schlagfertigkeit hängen aber zusammen. Wer brav bleiben will und trotzdem schlagfertig werden möchte, der kann den Versuch eigentlich gleich jetzt schon aufgeben. Egal, welches Alter Sie haben: Es ist gut für Sie, wenn Sie mit dem Wort „frech“ ab sofort nichts Negatives mehr verbinden.

Nun gibt es eine Technik, die den Spagat zwischen der feinfühligen, zuvorkommenden Reaktion auf der einen Seite und der schlagfertigen Wirkung auf der anderen Seite trotzdem schafft.

Umformulieren als Gentleman (13)

Während eines Meetings faucht Sie der Chef an: „Herr Jäger, wissen Sie eigentlich, was Denken ist?" Sie erwidern mit stabilem Blick und souveräner Stimme: „Sie wollen sagen, dass ich etwas nicht bedacht habe, Herr Jansen."

Sie wandeln die Handgranate des Angreifers sprachlich in einen dezenten Fingerzeig um. Sie interpretieren bei dieser Technik die Aussage des Angreifers in der Form um, wie es ein Gentleman sachlich formuliert hätte. Das ist besonders bei emotional ausfälligen Scharfschüssen eine elegante Methode.

„Dieser Vorschlag ist doch hirnverbrannter Blödsinn", schreit der Mitarbeiter seinen Kollegen an. Der bleibt ruhig und erwidert: „Sie haben eine andere Vorstellung, wie das Problem zu lösen wäre."

Wer sachlich bleibt, ist für die Außenstehenden der *Winner*. Diese Technik ist, wie viele andere, vom Typ her wieder eine Uminterpretation. Dabei fangen Sie den Satz mit den Worten an: „Sie finden …" oder „Sie meinen also …" oder „Sie wollen sagen …" und jetzt geben Sie einfach eine sachliche Variante seiner geladenen Keiferei.

„Haben Sie eigentlich Tomaten auf den Augen? Da stehts doch geschrieben." Sie kontern gelassen: „Sie meinen, ich habe da etwas übersehen."

Triggersätze
- Sie finden …
- Sie meinen also …
- Sie wollen sagen …

Ihre Aufgaben:

Hier drei Aufgaben zum selber Üben. Bitte fügen Sie für jeden der drei Angriffe eine Erwiderung ein, die Sie als Gentleman umformulieren.

1. Ich muss an Ihrem Geisteszustand zweifeln.

2. Sie verbreiten eine Hektik wie im Ameisenhaufen.

3. Du bist ja nur ein Kümmeltürke ...

Wie beurteilen Sie die Technik? Vergeben Sie Punkte zwischen 1 und 10.
Meine Punktzahl:

Mögliche Antworten für die Übung:

1. Sie meinen also, dass etwas nicht so gelaufen ist, wie Sie das erwartet haben.
2. Sie stellen wohl eine gewisse Unruhe fest.
3. Du willst sagen, dass ich nicht-deutscher Herkunft bin.

Umformulieren als Gentleman als Feststellungsfrage

Sie steigern die Wirkung dieser Technik noch, wenn Sie – wie bei vielen anderen Techniken auch – dahinter eine Frage anfügen. Sie wirken dadurch noch souveräner. Anstatt auf den Angriff: „Herr Jäger, wissen Sie eigentlich, was Denken ist?“ zu sagen: „Herr Jansen, Sie wollen sagen, dass ich etwas nicht bedacht habe“, bringen Sie ihn in den Antwortreflex, indem Sie eine Frage anfügen:

> „Herr Jansen, Sie wollen sagen, dass ich etwas nicht bedacht habe. Was ist es?"

Beim Angriff: „Dieser Vorschlag ist doch hirnverbrannter Blödsinn“ haben Sie eine noch stärkere Wirkung, wenn Sie mit der Feststellungsfrage erwidern:

> „Sie haben eine andere Vorstellung, wie das Problem zu lösen wäre. Welche?"

Auf die Hardcoreattacke: „Haben Sie eigentlich Tomaten auf den Augen? Da steht's doch geschrieben“ kontern Sie gelassen:

> „Sie meinen, ich habe da etwas übersehen. Was ist es?"

Gehen Sie die Antworten aus der Übung auf S. 167 noch einmal durch und formulieren Sie daraus Feststellungsfragen.

Verwirrende Sprichwörter als Antwort (14)

Abeilungsleiter Stauder läuft energisch durch den Büroflur. Sein Assistent Huber läuft ihm fast in die Arme. Der Chef aufgebracht: „Ah, Huber, gut, dass ich Sie treffe. Da haben Sie ja gestern bei dem Projekt ganz schön Mist gebaut. Haben Sie mal wieder vergessen, Ihr Hirn einzuschalten?“ – „Nein, Herr Stauder“, erwidert der Assistent gelassen,

> „Das war wohlüberlegt. Man kann eine Trommel nicht mit einem Finger schlagen, man braucht dazu eine ganze Hand.“

Der Assistent schaut seinen Chef kurz und wissend an und fügt dann ohne Pause hinzu: „Ich muss dann noch wohin, ich seh Sie später wieder“ – spricht's und entfernt sich im Flur.

Diese Antwort können Sie zur Methode erheben: Sie antworten dem Angreifer mit einem Sprichwort, das die einzige Funktion hat, ihn zu verwirren. Wechseln Sie danach sofort das Thema, so verliert er vollends den Faden.

Diese Technik hat zuerst Barbara Berckhan in ihrem Buch *Die etwas intelligentere Art, sich gegen dumme Sprüche zu wehren* vorgestellt.

Sie haben doch keine Ahnung.

→ **Nicht jeder Fluss-Fisch kann auch im Salzwasser überleben. – Schauen Sie, so ist es auch bei uns in der Abteilung. Lassen Sie uns aber weiter über die Kosten des Projekts reden …**

Wählen Sie ein Sprichwort, das dem ersten Anschein nach einen Sinn ergibt. Nur dann verwirrt es den Angreifer wirklich und er kommt ins Grübeln.

Warum, um Himmels willen, haben Sie Herrn Kunz noch nicht angerufen?

→ **Eine Hand, die du nicht umwickeln kannst, schüttle sie. — Also dann, schönen Tag noch.**

Das Gute daran ist, dass der Angreifer jetzt ernsthaft ins Grübeln kommt, was dieses Sprichwort wohl zu bedeuten habe. Natürlich will er sich keine Blöße geben und zugeben, dass er nichts kapiert hat. Seine Energie wird komplett von seinem Angriff auf seinen internen Dialog umdirigiert.

Wichtig dabei ist, dass Sie cool und wissend dreinblicken. Die souveräne Körpersprache ist hier besonders wichtig. Nach so einer Antwort ziehen Sie sofort den Blick vom Angreifer, oder Sie sprechen ohne Pause über eine andere Sache weiter.

Diese Sprichwortmethode lässt sich besonders gut auf Fragen anwenden.

Du bist so ruhig. Was hast du mit deinem großen Mundwerk gemacht?

→ **Ein altes chinesisches Sprichwort sagt: Man kann nicht mit beiden Augen gleichzeitig in eine Flasche schauen. – Sag mal, hast du schon deinen Urlaub geplant?**

Falls der andere doch nachfragt, was das denn das zu bedeuten habe, so antworten Sie: „Denken Sie noch einmal richtig darüber nach. Sie kommen schon noch darauf.“ Bisweilen werden Sie auch anderntags mit einer herausgefundenen Interpretation konfrontiert. Dann können Sie einfach antworten: „Nein, das haben Sie vollkommen falsch verstanden. Überlegen Sie noch mal richtig …“

Man kann in einer Erweiterung dieser Technik auch mit Nonsens-Sprichwörtern statt mit „seriösen“ operieren. Das heißt, Sie benutzen Sprichwörter, die sofort erkennbar Unsinn ergeben.

Das ist doch voller Schwachsinn, was du da sagst.
→ **Na ja, wie man in den Wald hineinruft, fällt der Apfel vom Baum.**

Diese Nonsens-Sprichwörter würde ich eher als „Frotzel-Training“ in geselliger Runde, unter Leuten, die sich kennen, empfehlen. Da ernten Sie gute Lacher, wenn Sie es, wie jede schlagfertige Antwort, in der nötigen Selbstvergessenheit präsentieren können. Für alle anderen Fälle würde ich die „schein-seriösen“ Sprichwörter bevorzugen.

Hier noch einige „seriöse“ Verwirr-Sprichworte, die Sie universell als Standards einsetzen können.

Nehmen Sie einen dieser Standards, oder legen Sie sich ein selbst entwickeltes Sprichwort zurecht. Wichtig ist, dass Sie es draußen in der echten Situation sofort parat haben.

Standards
- Ein Vogel baut zuerst sein Nest, bevor er brütet.
- Die Mücke fliegt so lange um das Licht, bis sie verbrennt.
- Die Wurzeln erzählen den Ästen nicht, was sie denken.

Ihre Aufgaben:

Hier wieder drei Beispiele zum Trainieren. Antworten Sie mit einem schein-seriösen Sprichwort, und wechseln Sie anschließend das Thema.

1. Ich frage mich immer wieder, wie Sie es schaffen, beim Personalbbau davonzukommen?

   ____

   ____

2. Uns ist schon wieder ein Kunde abgesprungen. Meinen Sie nicht, Sie sollten einmal Ihre mäßige Verkaufsstrategie überdenken?

   ____

   ____

3. Sie können nicht mitreden. Sie haben überhaupt keine Erfahrung in diesen Dingen.

   ____

   ____

Wie beurteilen Sie die Technik? Vergeben Sie Punkte zwischen 1 und 10.
Meine Punktzahl: ☐

Mögliche Antworten für die Übung:

1. Ein Vogel baut zuerst sein Nest, bevor er brütet. Gestern war ja ein wichtiges Meeting. Welche Ergebnisse gab's bei der Sitzung?
2. Die Wurzeln erzählen den Ästen nicht, was sie denken. Kommen wir zu wichtigeren Dingen, unser Außendienst …
3. Die Mücke fliegt so lange um das Licht, bis sie verbrennt. Soweit ich weiß, sollte doch heute Kunde Maier anrufen. Kam da schon was?

Einsteigen auf das Veräppelungs-Szenario (15)

Gerald ist guter Laune. Wartend steht er an einer S-Bahn-Haltestelle in München und schaut neugierig mit Gleichgültigkeit vortäuschender Miene nach rechts und links. Sein Blick trifft direkt neben ihm den Blick eines anderen Mannes, offensichtlich ein Einheimischer, vielleicht ein paar Jahre älter als er. Ihre Blicke bleiben für einen Moment interessiert aneinander kleben. Da spricht ihn der Fremde unvermittelt an: „Jetzt haben Sie ihn doch verhaftet..." Gerald fragt: „Wen?" – „Ja meinen Hamster!" Gerald überlegt kurz, bleibt cool und erwidert: „Er hat's ja auch verdient. Damit musste er rechnen." Beide grinsen sich breit an und beginnen miteinander ein Gespräch. Als die S-Bahn einfährt, sagt der fremde Herr zum Abschied: „Manchmal muss man einfach mit jemandem reden, gell?"

Diese wahre Begebenheit hat mir ein ehemaliger Teilnehmer geschildert. So hat es sich tatsächlich in München an einem kalten Wintermorgen zugetragen. Der Herr begann ohne Vorwarnung „dummes Zeug" zu reden. Offensichtlich wollte der Fremde ihn freundschaftlich veräppeln. Mein ehemaliger Teilnehmer hat's erkannt und stieg perfekt darauf ein.

Viele Menschen haben Probleme, wenn andere sie in irgendeiner Form „veräppeln" wollen. Hilflos suchen sie nach einer Erwiderung – verkrampfen sich dabei im Kopf und umso peinlicher wird ihnen ihre Sprachlosigkeit.

Sie können in solchen Situationen eine hilfreiche Taktik anwenden. Beschließen Sie, auf das absurde Szenario des anderen genauso absurd einzusteigen. Spinnen Sie es in Gedanken weiter, übertreiben Sie es noch mehr als der Stichwortgeber. Setzen Sie noch eins drauf.

Auf meiner Homepage kann man einen schlagfertigen Spruch hinterlassen, der in meinem monatlichen Powerletter dann gegebenenfalls als Wettbewerbssieger mit einem Buchgewinn prämiert wird. Einer der Sieger war ein Jugendlicher aus Frankfurt. Er schrieb:

> Ich war mit meiner Schwester in Frankfurt an der U-Bahnstation Hauptwache B-Ebene. Da kommt ein Jugendlicher auf sie zu und sagt zu ihr: „Ich kann deine Muschi riechen!" Daraufhin meine Schwester: „Gute Nase, Mann!"

> **Mein Tipp**
> Nehmen Sie das Veräppelungsszenario des Angreifers scheinbar ernst und setzen noch eins drauf.

Auch beim so genannten Frotzeln, oder wenn Nonsens mit Ihnen geredet wird, ist es gut, wenn Sie trainiert haben, auf das Szenario einzusteigen. Gerade in geselliger Runde, wo man freundschaftlich miteinander verbunden ist, da will im Prinzip keiner, dass Sie sprachlos stehen bleiben. Da wird gestichelt, veräppelt und gefrotzelt. Das ist ein Spiel, das der andere spielt, weil er entweder möchte, dass Sie selbst herzhaft über den Angriff lachen können, oder aber ihm eine genauso deftige Erwiderung geben.

Wo viel gefrotzelt und veräppelt wird, hat die Schlagfertigkeit einen guten Nährboden.

TV-Casting bei einem Fernsehsender. An diesem Tag sollen 15 Moderatoren bei Probeaufnahmen vor der Kamera auf ihre Tauglichkeit getestet werden. Veronika Grothe ist als zwölfte dran. Sie soll eine 10-minütige Gameshow mit echten Kandidaten moderieren. Sie ist konzentriert, aber locker drauf. Als sie gerade mitten drin ist, den Kandidaten das Spiel zu erklären, kommt plötzlich von der Regie über Lautsprecher eine Durchsage: „Frau Grothe, da ruft ein Zuschauer an – er will

Sie heiraten." Doch die Moderatorin reagiert blitzschnell:

„Das trifft sich gut. Er soll vorbeikommen!"

Veronika Grothe wusste nicht, dass dies ein Test war, wie spontan sie mit unvorhergesehenen Situationen umgehen kann. Nicht nur bei TV-Castings ist diese Art der Schlagfertigkeit sehr gefragt.

Wenn Sie jemand aufziehen will, nehmen Sie den Ball an und dribbeln ihn einfach ein paar Meter in derselben Richtung weiter.

Ich rief bei meiner Internet-Bank an. Eine Telefonistin war am anderen Ende. Wir redeten über Bankgeschäfte und Transaktionen. Am Ende fragte sie: „Kann ich noch was für sie tun?" Ich: „Ja, ich habe Hunger. Können Sie mir ein Schnitzel vorbeibringen?" Darauf die Dame: „Mit oder ohne Ketchup?" Ich musste herzhaft lachen. Nach so einem Gespräch geht es zwei Menschen einfach besser.

Ein gutes Training, um auf ein absurdes Szenario einzusteigen, ist auch die *übertriebene Zustimmung*. Was hier gefordert wird, ist im Prinzip eine Abwandlung davon. Bei der *übertriebenen Zustimmung* müssen Sie ein absurdes Szenario *entwickeln*, hier müssen Sie es weiterspinnen.

Ein Beispiel für übertriebene Zustimmung. Sie übertreiben den Vorwurf maßlos. Hier zur Wiederholung:

Kannst du dir nicht mal die Ohren putzen?

→ **Nein, da will ich Karotten anpflanzen.**

Jede dieser Antworten könnten Sie jetzt weiterspinnen. Zum Beispiel:

„Dann schütten Sie doch bitte ein bisschen Jauche als Dünger nach."

Gehen Sie noch einmal zur Übung zu Kapitel *Voll zustimmen*auf Seite 70 f. und setzten Sie jeweils auf die dort gegebene Antwort noch eins drauf.

Mit einer anderen Technik zusammen können Sie das zu einem wunderbaren Schlagfertigkeitsspiel verquicken. Dazu braucht es zwei Spielpartner. Der eine startet mit einer Bemerkung über eine Situation. Der andere kommentiert mit der Technik *Offensichtliches ins Gegenteil verkehren* (siehe Seite 51). Darauf muss der Erste wieder mit der hier beschriebenen Methode noch eins draufsetzen.

Zum Üben:

Nun wieder eine Übung für Sie. Bitte steigen Sie auf folgende „Veräppelungen" ein.

1. Hoppe – wie schreibt man das? Mit zwei „f"?

   ____

   ____

2. Langnau, das liegt doch in Ungarn.

   ____

   ____

3. Mit Ihrer Nase könnten Sie angeln gehen.

   ____

   ____

Wie beurteilen Sie die Technik? Vergeben Sie Punkte zwischen 1 und 10.
Meine Punktzahl: ☐

Mögliche Antworten für die Übung:

1. Ja, genau, wie man's spricht.
2. Nein, in der Türkei.
3. Ja, ich mach sogar Hochseefischerei.

Bewusst die falsche Lösung suchen (16)

Harald Schmidt in seiner Sendung[3]. Zwei Abiturienten, die bei „Jugend forscht“ gewonnen haben, stellen ihren Mühle spielenden Roboter mit Lichtsensoren und Computersteuerung vor.

Schmidt fragt:

> „Habt ihr das neben der Schule gemacht oder war das Teil des Leistungskurses Religion?"

Hier hat Harald Schmidt ein Urprinzip von humorigen, schlagfertigen Bemerkungen angewandt. Eine Bemerkung wirkt umso schlagfertiger, je überraschender, unerwarteter sie kommt. Das Überraschende entsteht dann, wenn Sie die Erwartungen der anderen erkennen und dann eine bewusst falsche Lösung suchen. Die Erwartung bei jemandem, der eine Robotersteuerung für ein so kompliziertes Spiel wie Mühle entwickelt, ist, dass das wohl im Leistungskurs Physik gemacht wurde. Das ist das, was jeder erwartet. Jetzt sucht Schmidt aber die absurdeste, abwegigste Lösung, die niemand erwartet, und macht den „Leistungskurs Religion“ daraus.

> **Mein Tipp:**
> Eine Bemerkung wirkt umso schlagfertiger, je überraschender, unerwarteter sie kommt.

In einem ins Philosophische abgerutschte Biergartengespräch fragt einer mit glasigem, aber bedeutungsschwerem Blick: „Was waren wohl die ersten Worte, die der Mensch in der Evolution gesprochen hat? Mutter, Wasser oder Gott ...?“ – „Nein, sicher nicht“, wirft sein Gegenüber ein, „ich denke eher Bundesausbildungsförderungsgesetz.“

Wieder wirkt dasselbe Prinzip: „Was ist wohl am weitesten entfernt von dem, was jeder erwartet?“ In dem obigen Beispiel geht es um „Die ersten Worte der Menschheit“. Was erwartet jetzt jeder? Der Gesprächspartner sucht nach einer „falschen Lösung“, die am weitesten von der Erwartung entfernt liegt, und sagt „Bundesausbildungsförderungsgesetz“.

Wir machen hier 'ne Straßenumfrage. Singen Sie mir irgendeinen Titel der Beatles vor.

→ **Klar, mach ich gerne: [mit voller Inbrunst] „Marmor, Stein und Eisen bricht ...“**

Um witzige schlagfertige Bemerkungen zu machen, suchen Sie also bewusst nach der falschen Lösung. Sprechen Sie genau das aus, was niemand erwartet.

Sie fliegen im Flugzeug. In der First Class ist zufällig Rudi Carrell. Sie sagen zur Stewardess: „Sagen Sie, täusch ich mich, oder sitzt da vorne nicht ... äh ... Thomas Gottschalk?“

Entwickeln Sie ein Gespür dafür, was in einer bestimmten Situation jeder sagen würde. Der Trick besteht darin, jetzt aber genau das zu sagen, was weit, weit weg davon ist. Wenn Sie eine Dame kennen lernen, die mit Vornamen Angie heißt, so gewinnen Sie sicher keine Blumentopf, wenn Sie ihr, wie schon Hunderttausende vor Ihnen, das Lied „Angie“ von den Rolling Stones vorsingen. Sagen Sie lieber: „Da gibt's doch so ein berühmtes Lied zu deinem Namen: ‚Obla di, Obla da, Obla Angieeeee‘ ... oder so ähnlich.“

Samstag Nachmittag in irgendeiner Fußgängerzone Deutschlands. Eine Gruppe Fußballfans, voll behängt mit FC-Bayern-Schals und FC-Bayern-Fahne, zieht vorbei. Sie sprechen einen davon an: „Hältst du heute zu ... Gladbach?"

Angenommen ein TV-Team läuft durch die Fußgängerzone. Der Reporter spricht Passanten an: „Wir machen eine Umfrage, wie bekannt Werbebotschaften sind. Ergänzen Sie bitte folgenden Satz:"

Nicht immer, aber immer ...
→ **Ungarn.**

Viele, viele bunte ...
→ **Snickers?**

Haribo macht ...
→ **den Tiger in den Tank.**

Diese Technik, bewusst die falsche Lösung zu suchen, können Sie ständig anwenden, wenn Sie auf irgendwelche Buchstabenabkürzungen von Firmen oder Organisationen stoßen. Ergänzen Sie auch hier immer eine falsche Bedeutung. Wenn jemand fragt: Was heißt eigentlich FDP, dann suchen Sie nach der „falschen Lösung". „Ich weiß das. FDP heißt Fit durch pennen."

Aber auch hier: Nehmen Sie bitte nicht die Abkürzungen, die etabliert sind, die jeder kennt, die man schon hundert Mal gehört hat. In Bayern ist es schon fast ein geflügeltes Wort, wenn Sie zu BMW ergänzen „Bayerischer Mistwagen". Genauso wenig originell wirken Sie, wenn Sie Fiat mit „Fehler in allen Teilen" ergänzen. Das ist bekannt, das hat man schon mal gehört, damit gewinnen Sie keinen Originalitätspreis mehr.

Das bewusst falsche Ergänzen von Buchstabenabkürzungen ist ein herrliches Training, um den Muskel eines bestimmten Schlagfertigkeits-Prinzips zu trainieren. Wie Sie wissen, sind viele Techniken verwandt. Die Technik „Die bewusst falsche Lösung suchen“ ist verwandt mit „Nonsens antworten“ und gleichzeitig mit „Das Gegenteil des Offensichtlichen aussprechen“. Ergänzen Sie also in Zukunft jedes Mal, wenn Sie auf eine Buchstabenabkürzung stoßen, die „falsche Lösung“. Damit üben Sie zugleich auch Ihre Fertigkeiten in den verwandten Techniken.

Zum Üben:

Hier drei Buchstabenabkürzungen, die Sie bitte zum Training bewusst falsch ergänzen:

1. Was heißt eigentlich DGB?

   ____

   ____

2. Was heißt eigentlich AEG?

   ____

   ____

3. Was heißt eigentlich ZDF?

   ____

   ____

Wie beurteilen Sie die Technik? Vergeben Sie Punkte zwischen 1 und 10.

Meine Punktzahl: ☐

Mögliche Antworten für die Übung:

1. Die greisen Biester
2. Auch Eierlikör gleitet
3. Zu viele denken falsch

Unadressierte Vorwürfe ummünzen (17)

„Da stinkt einer", sagt Harald mit Blick auf Klaus, der offensichtlich gerade seine schlechte Luft im Bauch abgelassen hat. Klaus schaut obercool zurück und erwidert: „Harald, dann wasch dich doch endlich mal!"

Dieser Antworttyp lässt sich für eine spezielle Art von Angriffen immer wieder anwenden. Jedes Mal, wenn der Angreifer versäumt, das Opfer speziell anzusprechen, kann man dieses Muster benutzen.

Wenn im Angriff keine bestimmte Person angesprochen wird, weder mit Namen noch mit „Du" oder „Sie", so münzen Sie den Angriff unerwartet einfach auf den Angreifer selbst um. Das klingt dann so, als ob er mit dem Angriff sich selbst gemeint hätte.

Auf diesen Zusammenhang hat Karsten Bredemeier in seinem Buch „Nie wieder sprachlos" hingewiesen. Er nennt diese Art von Angriffen „unadressierte Angriffe".

Ein Mann sagt im Büro beim Hereinkommen zu einer Kollegin: „Na, du Hübsche." Ein Nebenstehender wirft verächtlich ein: „Wieso hübsch?". Darauf die betroffene Kollegin: „Bei deinem Gesicht würde ich mir die Frage auch stellen."

Die Frage „Wieso hübsch?" war sprachlich nicht auf eine spezielle Person gemünzt. Wir wissen zwar, wer eigentlich gemeint war, aber der Angreifer hat es halt nicht ausgesprochen. Damit ergibt sich die Gelegenheit, den Vorwurf auf den Fragesteller selbst umzumünzen.

Die Methode können Sie prinzipiell immer bei Einwort-Angriffen wie Idiot, Schwachkopf, Hornochse usw. anwenden.

Schwachkopf!

→ **Ach so, und wie heißen Sie mit Vornamen?**

Diese Erwiderungen gehören in die Kategorie der Gegenangriffe.

Irgendjemand blickt hier nicht durch.

→ **Dann würde ich an Ihrer Stelle halt nachfragen.**

Das sieht man doch.

→ **Wenn Sie's sehen, dann tun Sie's doch!**

Mein Gott, Walter!

→ **Und wie heißen Sie mit Nachnamen?**

Hier wird gelogen.

→ **Dann sagen Sie doch einfach die Wahrheit!**

Ihre Aufgaben:

Hier wieder drei Angriffe für Sie zum Üben. Bitte erwidern Sie, indem Sie den Angriff ummünzen.

1. Trottel!

____

____

2. Ist das denn so schwer zu verstehen?

____

____

3. Idiot!

____

____

Wie beurteilen Sie die Technik? Vergeben Sie Punkte zwischen 1 und 10.
Meine Punktzahl: [ ]

Mögliche Antworten für die Übung:

1. Tut mir Leid für Sie.
2. Für Sie scheinbar schon.
3. Schon wieder einer, der sich heute outet.

Uminterpretieren: Der Nutzen aus dem Vorwurf (18)

Nur selten gab dieser Mann überhaupt Interviews. Er war im Kindesalter schon als Genie auf seinem Gebiet aufgefallen, die Eliteuniversität Harvard hatte er verlassen, weil ihm die Ansprüche dort zu niedrig waren. Aus dem Nichts hatte er eine Firma aufgebaut, die inzwischen 20.000 Mitarbeiter beschäftigte. Der amerikanische Journalist Conni Chung stellte ihm die Frage: „Sehen Sie sich als Streber?" Der reichste Mann der Welt, Bill Gates, antwortete: „Wenn Streber bedeutet, dass ich Spaß daran habe, zu verstehen, was in so einem Computer abläuft, oder wenn ich stundenlang davorsitze und damit spiele und das so richtig genieße, dann ja."

Klug geantwortet. Eine der universellsten Methoden der Schlagfertigkeit besteht im Uminterpretieren des Vorwurfs. Sie nehmen den Vorwurf, der ja tendenziell immer etwas Negatives an sich hat, und interpretieren ihn um in einen positiven Aspekt.

Das, was Sie da machen, ist doch Manipulation!

→ **Wenn Manipulation bedeutet, dass ich meine Überzeugungen appetitlich darstelle, und wenn Sie das Ansprühen von Parfum auch als Manipulation bezeichnen, ja, dann manipuliere ich.**

Ziel bei der Uminterpretation ist es, dass Sie in einem guten Licht erscheinen. Sie suchen den Nutzen oder den Vorteil aus dem Vorwurf. Wir fragen uns: „Wenn denn der Vorwurf zutrifft, was ergibt sich daraus für einen Nutzen bzw. Vorteil oder wie kann ich gut dabei aussehen?"

Herr Hauser, Sie sind nicht teamfähig.

→ **Wenn „nicht teamfähig" bedeutet, dass ich anspruchsvolle Aufgaben selbstständig und eigenverantwortlich erledige, ja, dann bin ich nicht teamfähig.**

Sie erkennen, dass immer dasselbe Antwortmuster benutzt wird. Sie antworten: „Wenn XY … dies und jenes … bedeutet, ja, dann trifft XY zu.“ Wobei hier XY irgendein beliebiger Vorwurf ist. Besonders gut können Sie diese Antwortschablone einsetzen, wenn Sie mit einem Negativwort wie Streber, Manipulation, arrogant, spießig, Emanze, nicht bindungsfähig, Spekulant usw. getroffen werden sollen.

Diese Antwortart klingt sehr geistreich und ist gut einzusetzen, wenn die Aufmerksamkeit des Gegenübers eine längere Antwort erlaubt. Dies ist beispielsweise bei Erwiderungen auf Zwischenfragen oder bei Interviews der Fall.

Mein Gott, sind Sie dumm.

→ **Wenn dumm bedeutet, dass ich versuche, Dinge einfach zu sehen, ja, dann bin ich dumm.**

Es ist faszinierend zu beobachten, wie auch aus fast ausweglos erscheinenden Vorwürfen immer noch etwas Gutes abgeleitet werden kann. An dieser Stelle will ich noch einmal einen wichtigen Aspekt der Schlagfertigkeit herausstreichen. Die Situation kann noch so ausweglos erscheinen, es gibt fast immer eine Replik, wenn Sie nur danach suchen. Es hängt eigentlich nur von Ihrer Grundhaltung ab. Wenn Sie sagen: „Ja, darauf kann man jetzt nichts mehr sagen“, dann wird ein Deckel im Hirn zugeschlagen, der kreatives Nachdenken verhindert. Wenn Sie hingegen fragen: „*Welche* Uminterpretation gibt es? Es gibt eine, ich muss sie nur finden“, dann gehen Sie ganz anders an die Sache heran und geben nicht so schnell auf.

Mit den folgenden Formulierungsmöglichkeiten können Sie den Vorwurf ebenfalls positiv uminterpretieren. Die Wirkung ist zwar etwas schwächer als bei dem Muster „Wenn XY … bedeutet“, dafür passen sie aber auf einen breiteren Fächer von Angriffen. Es gibt eine Vielzahl davon. Hier im Anschluss jeweils die Triggersätze mit je einem Beispiel:

Wenn du damit sagen willst … dann stimme ich dir zu/ dann gebe ich dir Recht.

Du bist einfach nicht bindungsfähig.
→ **Wenn du damit sagen willst, dass ich meinen eigenständigen Weg im Leben gehe, dann gebe ich dir Recht.**

Sie meinen also …/Sie finden also …

Müssen Sie dauernd streiten?
→ **Sie meinen also, ich bin ein diskutierfreudiges Wesen.**

Sie sehen das richtig …

Sie kommen ja schon wieder zu spät.
→ **Sie sehen das richtig, ich teile mir meine Arbeit sinnvoll ein.**

Sie wollen damit sagen …/Sie sagen quasi.

Können Sie das immer noch nicht?
→ **Sie wollen damit sagen, ich habe andere Stärken.**

Gerade deshalb …

Sie können nicht mitreden. Sie haben überhaupt keine Erfahrung in diesen Dingen.
→ **Ja, gerade deshalb kann ich die Sache völlig unvoreingenommen betrachten.**

Und nun die kürzeste Art der Einleitung einer Uminterpretation. Sie ist auch die knackigste.

Ja …/Genau …/Stimmt …

Du bist ein Kümmeltürke.
→ **Stimmt, ich sehe spannender aus als du.**

Es muss bisweilen nicht der direkte Vorteil oder Nutzen bei der Uminterpretation sein, sondern man kann auch mal ein Wortspiel machen, bei dem man auch wieder gut aussieht.

Sie haben zugenommen.
→ **Genau, zugenommen an Charakter!**

Triggersätze

- Wenn du damit sagen willst … dann stimme ich dir zu/dann geb ich dir Recht
- Sie meinen also …/ Sie finden also …
- Sie sehen das richtig …
- Sie wollen damit sagen …/ Sie sagen quasi …
- Gerade deshalb …
- Ja …/Genau …/Stimmt …
- Wenn XY … dies und jenes … bedeutet, ja, dann trifft XY zu.

Auch der Verkäuferstandard beim Vorwurf: „Ihr Produkt ist teuer“ – „Ja, es hat aber eine tolle Qualität“ gehorcht diesem Prinzip der positiven Uminterpretation. Wenn wir hingegen unsere Formulierung „Wenn XY bedeutet …“ nehmen, klingt es noch eleganter: „Wenn teuer bedeutet, dass wir eine einzigartige Qualität haben, ja, dann sind wir teuer.“

Zum Üben:

Hier wieder drei Vorwürfe, die Sie bitte zum Training selbst mit einer eleganten Umformulierung erwidern.

1. Hast dich ganz schön verändert.

   ____

   ____

2. Ihnen laufen auch die Leute aus dem Seminar davon.

   ____

   ____

3. Klar, dass die Frauen wieder zu spät zum Meeting kommen.

   ____

   ____

Wie beurteilen Sie die Technik? Vergeben Sie Punkte zwischen 1 und 10.
Meine Punktzahl:

Mögliche Antworten für die Übung:

1. Wenn verändert bedeutet, dass ich mich weiterentwickelt habe, ja dann habe ich mich verändert.
2. Stimmt, die sind so begeistert, dass sie die Technik gleich ausprobieren wollen.
3. Ja na klar, die wichtigsten Personen kommen am Schluss.

Bei dieser Methode des positiven Uminterpretierens kann man auch eine trickreiche Abwandlung benutzen. Man nimmt dabei das „hässliche Gegenteil" des Vorwurfs und verneint dieses. Erinnern Sie sich, hier brauchen Sie wieder die Basisfertigkeit schlagfertigen Reagierens, ruckartig das Gegenteil formulieren zu können. In der Antwort kommt dann immer das Wort „nicht" oder „kein" vor.

Du bist geizig.
→ **Wenn geizig bedeutet, dass ich das Geld nicht zum Fenster rausschmeiße, ja, dann bin ich geizig.**

Ihre Frisur ist altmodisch.
→ **Wenn altmodisch bedeutet, dass ich nicht jeden kurzlebigen Modetrend mitmache, ja, dann bin ich altmodisch.**

Herr Hauser, Sie sind nicht teamfähig.
→ **Wenn Sie damit sagen wollen, dass ich keiner bin, der wegen jeder Unsicherheit gleich eine Konferenz mit allen Unbeteiligten einberufen muss, dann haben Sie Recht.**

Ihre Aufgaben:

Hier wieder drei Angriffe für Sie, wobei Sie jetzt bitte das Gegenteil des Vorwurfs verneinen.

1. Du hast ja immer noch keinen Freund.

   ____

   ____

2. Du bist so still, sag doch auch mal was.

   ____

   ____

3. Sie sind unzuverlässig.

   ____

   ____

Wie beurteilen Sie die Technik? Vergeben Sie Punkte zwischen 1 und 10.
Meine Punktzahl: ☐

Mögliche Antworten für die Übung:

1. Stimmt, ich bin keiner, der wahllos den erstbesten nimmt.
2. Du meinst also, ich bin kein nichtssagender Dauerschwätzer.
3. Wenn unzuverlässig bedeutet, dass ich kein blinder Befehlsempfänger bin, ja, dann bin ich unzuverlässig.

Der absurde Vorteil (19)

„Sie haben kein Gefühl“, raunzt die madige Mitarbeiterin ihren Kollegen an. Der entgegnet:

> „Gut so, da brauch ich wenigstens keine Betäubung beim Zahnarzt.“

Wir suchen, wie bei der vorhergehenden Technik, nach wie vor den Nutzen, aber diesmal nicht den *sachlichen* Nutzen, sondern den absurden Nutzen. Oder anschaulicher ausgedrückt, den Nonsens als Nutzen.

Du lebst wohl hinter'm Mond.
→ **Dafür aber mietfrei.**

War die vorhergehende Methode im Businessbereich zu Hause, so gehört diese eher in den Alltagsbereich oder in die gesellige Runde. Sie deckt sowohl die Witzfertigkeit als auch die Erwiderungsfertigkeit ab.

Drei Kinder spielen auf dem Spielplatz. Ein Mädchen steht abseits und würde auch gerne mitspielen. Das Mädchen nähert sich und fragt: „Kann ich mitspielen?“ Da sagt einer aus der Gruppe: „Nein, und außerdem: du bist ja gar nicht von deinen Eltern, du bist ja nur adoptiert.“ – Das Mädchen faucht:

> „Mich konnten sie wenigstens aussuchen, dich mussten sie nehmen, wie du warst.“

Cool, oder?

„Mich konnten sie wenigstens aussuchen“ – das ist der absurde Nutzen, „dich muss-

Triggersätze
- Da ist wenigstens...
- Da hab ich wenigstens...

ten sie nehmen, wie du warst" – das ist der Nachteil für den Angreifer, der Tritt an sein Schienbein. Auch das ist mit dieser Technik möglich.

Dich haben sie als Kind wohl fallen lassen.
→ **Da kann ich mich wenigstens auf deinem Niveau unterhalten.**

Das war der Nachteil für den Angreifer – natürlich ist bei dem Angriff auch wieder ein absurder Vorteil für den Angegriffenen möglich.

Dich haben sie als Kind wohl fallen lassen.
→ **Seither passe ich in kürzere Betten.**

Sie kommen bei dieser Technik sehr schnell auf brauchbare Lösungen, wenn Sie das Wort „wenigstens" in die Antwort reinpacken. Formulieren Sie den Triggersatz: „Da ist wenigstens …" oder „Da hab ich wenigstens …" und schon fällt Ihrem Hirn leicht eine absurde Ergänzung ein.

Sie machen immer den gleichen Fehler.
→ **Da muss ich mir wenigstens keinen neuen überlegen.**

Dir haben sie wohl das halbe Hirn rausoperiert.
→ **Wissen Sie, seitdem hab ich wenigstens mein Idealgewicht.**

Das ergibt genau die schönen frechen Antworten, die die meisten Menschen zwar gerne hören, aber selten selber wagen zu geben. Frechheit gehört zur Schlagfertigkeit dazu. Die muss da hin und die gehört auch da hin „und das ist auch gut so“.

Du hast 'ne Laufmasche.
→ **Da hast du wenigstens eine Spur, der du folgen kannst.**

Standards
- Das ist aber steuerfrei.
- Das finden Frauen (Männer) sexy.
- Das macht wenigstens nicht dick.

Zum Üben:

Hier wieder drei Angriffe für Sie, auf die Sie bitte mit einem absurden Vorteil antworten.

1. Du hast ganz schöne Augenringe.

   ____

   ____

2. Mein Gott, hast du zugenommen.

   ____

   ____

3. Du schnarchst.

   ____

   ____

Wie beurteilen Sie die Technik? Vergeben Sie Punkte zwischen 1 und 10.

Meine Punktzahl: ☐

Mögliche Antworten für die Übung:

1. Billiger als Eheringe.
2. Das gibt im Sommer wenigstens Schatten.
3. Da weißt du wenigstens, dass ich noch lebe.

Das absichtliche Missverstehen (20)

Sie war eine Schönheit. Der Chef wusste, es gab Gäste, die kamen nur deshalb immer wieder in sein Hotel, weil *sie* da war. Angela hatte nicht nur ein umwerfendes Aussehen, sondern, was noch wertvoller war, sie hatte eine Art an sich, die jedermann in ihren Bann zog. Ihr war eine echte, tief strahlende Freundlichkeit zu Eigen. Wenn sie mit den Gästen sprach, war es so, als ob ihnen jemand die Seele mit Watte umwickelte. Das immerwährende leichte Lächeln um ihre Mundwinkel spielte perfekt mit ihren offenen, verschmitzten Augen zusammen, aus denen ständig der Schalk blitzte. Was aber am meisten bewundernswert an ihr war, war diese süße Frechheit, die alle Gäste liebten. Sie traf immer genau den goldenen Mittelweg: Sie war direkt – aber so, dass man selbst als Betroffener zufrieden schmunzeln musste. Bei anderen hätten ihre Antworten respektlos gewirkt, bei ihr freute man sich, Opfer zu sein. Man konnte dieser Frau einfach nicht böse sein.

Heute sollte er wieder kommen, von allen nur Edgar genannt, der Gast, den alle weiblichen Angestellten fürchteten. Wenn er nichts getrunken hatte, war er zahm wie ein Lamm, aber wehe, er hatte einen gebechert. Dann fühlte er sich als Casanova, und alle weiblichen Angestellten waren potenzielle Opfer. Angela hatte Dienst an diesem Abend. Er kam wie zu erwarten in die Hotelbar: „Kommen Sie noch nach Dienstschluss in meine Suite. Sie wissen, ich hab Whirlpool", lallte Edgar mit glasigem Blick Richtung Angela. Mit einem entwaffnenden Lächeln erwiderte sie:

„Ich werde Ihnen den Hausmeister hochschicken. Er ist nämlich für die Wartung der Sanitäranlagen verantwortlich."

Er grinste breit, „Also gut“, drehte sich schulterzuckend ab und schlurfte Richtung Aufzug.

Die Antwort von Angela gehorcht einem hervorragendem Prinzip schlagfertiger Antworten. Sie hat die Aufforderung: „Kommen Sie noch nach Dienstschluss in meine Suite. Sie wissen, ich hab Whirlpool“ bewusst falsch verstanden. Sie wusste, was er meinte, aber tat so, als ob sie es falsch kapiert hätte, und erwiderte: „Ich werde Ihnen den Hausmeister hochschicken. Er ist nämlich für die Wartung der Sanitäranlagen verantwortlich.“

Fußballweltmeisterschaft 2002. In der ARD kommentiert Günter Netzer die Spiele[4]. Gerd Delling, der Gesprächspartner, ist einer der wenigen Sportmoderatoren, der selbst beim meist humorlos abgehandelten Thema Sport immer wieder eine schlagfertige, bissige Einlage gibt. Netzer: „In der zweiten Hälfte haben die Türken dann begonnen, Fußball zu spielen.“ Gerd Delling: „Alles andere hätte auch verwirrt.“

Damit auch Sie auf solche Erwiderungen kommen können, gilt folgende Regel: Versuchen Sie die Bemerkung des anderen bewusst falsch zu kapieren, und geben Sie eine Antwort, die signalisiert, dass Sie es falsch verstanden haben.

Hast du mit ihm geschlafen?
→ **Ja, anschließend.**

Hast du mit ihm geschlafen?
→ **Nein, weil ich nicht müde war.**

Oft gelingt es, sich die doppelte Bedeutung von Worten zu Nutze zu machen. Den Ausdruck „mit jemandem schlafen“ kann man ja bekanntlich auf zweierlei Arten verstehen. Sie geben einfach eine Antwort mit der zweiten Bedeutung.

Sie stehen am falschen Platz.
→ **Wär's Ihnen lieber, wenn ich liegen würde?**

Mit diesen Antworten entsteht Humor. Nicht in jeder Bemerkung lässt sich ein Ausdruck entdecken, den man falsch verstehen könnte, es ist sogar eher die Ausnahme. Aber wenn es gelingt, dann wirkt die Antwort hochgradig schlagfertig und witzig.

Sie sind wieder mal zu spät gekommen.
→ **Woher wissen Sie das? Schauen Sie durch mein Schlafzimmerschlüsselloch?**

Diese Technik hat große Verwandtschaft mit dem Schema „Den Doofen spielen“. Sie tun so, als ob Sie geistig etwas minderbemittelt wären. Einer, der halt alles falsch kapiert.

Für Frauen haben wir Brause statt Alkohol.
→ **Dürfte ich dazu noch ein Handtuch haben?**

Es muss nicht zwingend ein Angriff erfolgt sein, um mit dieser Technik eine witzige Erwiderung platzieren zu können.

Wechseln Sie bitte die Fahrbahn!
→ **In welche Währung?**

Wie fanden Sie das Theaterstück?

→ **Im Veranstaltungskalender der Tageszeitung.**

Diese Technik eignet sich nur für einem kleinen Teil von Bemerkungen, weil nicht immer ein brauchbares Wort vorkommt, das falsch zu verstehen wäre. Aber wenn es gelingt, wirkt es sehr geistreich und witzig. Damit beherrschen Sie schon die höheren Weihen der Schlagfertigkeit.

Warum musst du immer den Fernseher anmachen?

→ **Keine Angst, der hat schon einen festen Freund.**

In der größten Hysterie nach dem 11. September 2001, als man den Großterroristen Osama Bin Laden verzweifelt suchte, sah ich in einem Club einen Jungen mit einem T-Shirt, worauf stand: „Ich bin Laden."

Eine ehemalige Teilnehmerin erzählte mir folgende Geschichte. Sie saß in einer Sitzung, bei der ihr Chef nur widerwillig nachgegeben hatte, einen Vorschlag von ihr zu diskutieren. Zu Beginn des Meetings sagte er: „Wir haben die Sitzung nur wegen dir gemacht. Bist du jetzt befriedigt?" Darauf sie: „Hast du was gehört?"

Dies ist ein beliebtes Humorschema, auch von den von uns so bewunderten Plaudertaschen im Fernsehen. Der Trick ist aber ganz einfach: Sie drehen ein Wort in seiner Bedeutung und tun so, als ob Sie die Aussage falsch kapiert hätten.

Zum Üben:

Hier wieder drei Bemerkungen, die Sie bitte mit einem absichtlichen Missverständnis selber beantworten.

1. Sie sind nicht gerade groß.

   ____

   ____

2. Haben Sie was gegen Hunde?

   ____

   ____

3. Du hängst auch den ganzen Tag vor der Glotze!

   ____

   ____

Wie beurteilen Sie die Technik? Vergeben Sie Punkte zwischen 1 und 10.
Meine Punktzahl: ☐

Mögliche Antworten für die Übung:

1. Meine Mutter hat mir immer gesagt, wenn ich mal groß bin, muss ich arbeiten
2. Ja, Rattengift. Wollen Sie ein bisschen?
3. Ja, dann bind mich doch runter!

Absichtliches Missverstehen als Feststellungsfrage

Auch bei dieser Technik können Sie wieder durch eine angehängte Frage die Antwort zu einer Feststellungsfrage machen.

Warum musst du immer den Fernseher anmachen?

→ **Keine Angst der hat schon einen festen Freund. Magst du mich nicht mehr?**

Bitte gehen Sie die Beispiele dieses Kapitels durch und ergänzen Sie alle Antworten durch eine Frage zu einer Feststellungsfrage.

V. Schlagfertigkeit und Ihr Gefühl: Methoden, die gegen außen und innen wirken

Denken Sie nicht auch, dass da draußen böse, durchtriebene Gestalten sind, die ein heimtückisches Konzept haben, um Sie schlecht aussehen zu lassen? Menschen mit genau kalkulierten Reaktionen und Erwartungshaltungen, die Sie hinterhältig angreifen, um sich auf Ihre Kosten zu profilieren? Das ist natürlich Unfug. Die meisten Angriffe passieren nur aus Gedankenlosigkeit und ohne tieferen Hintergedanken. Genauso, wie Sie lieber Leser, liebe Leserin, auch öfter austeilen, ohne sich darüber im Klaren zu sein, was Sie anrichten. Während Sie das lesen, hat da draußen irgendein anderer dieses Buch in der Hand, weil er eine Situation erlebt hat, wo genau *Sie* der Angreifer waren, und er sich gegen einen Menschen wie Sie wappnen will.

Alles, was wir erleben, hat eine Widerspiegelung in uns. Man kann jetzt einige Schlagfertigkeits-Techniken genauso benutzen, um eine „innere Schlagfertigkeit" zu erreichen. Oder einfacher gesagt, Sie können Sie benutzen, um mit sich besser umzugehen. In diesem Kapitel stelle ich Ihnen die fünf besten Methoden vor, die sowohl nach außen wie auch nach innen wirken.

Ihre Gefühlslage entscheidet

Herr Käster biegt mit seinem Auto in das Grundstück ein. Auf der Wiese am Wegrand stehen die teuersten Nobelkarossen: Jaguars, Mercedes, Bentleys, Ferraris dicht an dicht geparkt. Er denkt: „Hoffentlich sieht keiner, wenn ich aus meinem billigen Auto aussteige. Und dann ist es auch noch nicht einmal gewaschen."

Er läuft geduckt und unerkannt über die Wiese zum Haupteingang der Nobelvilla. Er klingelt an der Tür. Die Gastgeberin öffnet und begrüßt ihn. Die Party im Hintergrund ist schon in vollem Gange. Die Gastgeberin führt ihn hinein und stellt ihm zwei, drei Leuten vor. Aber nach einem kurzen Wortwechsel sind sie gleich wieder im Getümmel verschwunden, genauso wie die Gastgeberin selbst.

Herr Käster schaut sich verloren um und denkt: „Verdammt, ich kenne niemanden hier und alles so reiche Pinkel." Er wird völlig unsicher. In einer Ecke sieht er eine Gruppe Menschen diskutieren – „Da stell ich mich dazu", denkt er und stellt sich in Hörweite daneben. Keiner beachtet ihn. Sein Hirn läuft im Kreis: „Wie könnte ich mich in das Gespräch einklinken?" Plötzlich erwähnt einer in der Gruppe den Stadtteil, in dem Herr Käster zu Hause ist. Er denkt: „Das ist die Chance, mich in das Gespräch einzuklinken." Mit betont lauter Stimme sagt er: „Den Stadtteil kenn ich, da wohne ich." Ein anderer dreht sich zu ihm um und sagt: „Da sind Sie aber ein armer Schlucker." Alle lachen über den scheinbar gelungenen Witz. Herr Käster lächelt gequält, ringt nach einer Antwort – aber registriert nur peinliche Leere in seinem Hirn....

Tja. Wie wär's zum Beispiel mit folgender Antwort gewesen:

„Wissen Sie, das finden die Frauen sexy."

Oder noch besser mit der Antwort:

„Lieber ein armer Schlucker als ein bornierter Armleuchter."

Aber so eine Antwort ist leider, leider nur Theorie. Weil die momentane Gefühlslage es nicht zulässt, so eine Replik glaubhaft rüberzubringen. In dem Moment waren Sie getroffen, verletzt und gekränkt. Sie sind im Total-Stress. Ihre sowieso schon angekratzte Selbstbewusstseinskurve war durch die Bemerkung ruckartig ins Minus gerutscht. Aber sie rutschte deshalb so schnell ins Minus, weil sie vorher schon unterhalb der Minuslinie herumdümpelte. Das ist nämlich das Problem der Antwort, die einem immer 15 Minuten später einfällt. Sie fällt Ihnen deshalb so spät ein, weil sich Ihr negatives Gefühl der Verletztheit erst nach dieser Zeit wieder erholt hat. Im Minusbereich sind Sie weder kreativ noch selbstbewusst genug, um auf so eine Antwort zu kommen.

Ihre potenzielle Schlagfertigkeit sinkt dramatisch nach unten, wenn Sie müde sind, wenn Sie sich allgemein unsicher und unwohl fühlen, wenn Sie nicht anerkannt werden, wenn Sie befürchten, dass Ihr wunder Punkt getroffen wird … usw. Dann, wenn Sie das blutende Reh sind, ist der Text vielleicht richtig, aber die Replik wirkt trotzdem nicht, selbst wenn sie Ihnen eingefallen wäre. Die Körpersprache, der unsichere Blick, die Verletzung in der Stimme und die geknickte Körperhaltung signalisieren das Gegenteil der Worte.

Was kann man tun, um das auszugleichen? Tun Sie zwei Dinge. Erstens: Bewaffnen Sie sich mit Standardantworten! Und zweitens: Tun Sie vorbeugend etwas gegen Ihre Unsicherheit in der momentanen Situation.

Sie sind eigentlich nur dann noch verletzbar, wenn Sie völlig unvorbereitet getroffen werden. Dehalb müssen Sie schon vorher gegen das Gefühl der Unsicherheit arbeiten.

Dazu folgender hilfreicher Gedanke: In Ihnen tief versteckt ist Ihre heilige Seele. Diese Seele weiß alles, kann alles, hat ein unüberbietbares Selbstbewusstsein und ist unendlich weise und gütig.

Unser ganzes Problem ist, dass wir diese Seele nur nicht immer sprechen lassen können. Heilige Menschen wie Jesus oder Buddha konnten sie dauernd sprechen lassen. Für uns reicht es, wenn wir wenigstens mal ab und zu Zugriff auf sie bekommen. Wenn Sie sich unsicher fühlen, geben Sie die Regie über sich an Ihr „heiliges Ich" ab. Das kann alles, das weiß alles, das kann sich nicht blamieren. Das gelingt Ihnen umso besser, je öfter Sie schon vorher mit Ihrem „heiligen Ich" gesprochen haben.

Mein Tipp:
Machen Sie jeden zweiten Tag Mentaltraining. Versetzen Sie sich in den Alphazustand, und geben Sie Ihrem „heiligen Ich" Aufgaben, die es für Sie erledigen soll. Sie werden erstaunt sein, das klappt wunderbar. Wer das richtig gut lernen will, sollte mal ein Mentaltraining-Seminar besuchen.

Diese mentale Gedankenhygiene müssen Sie *vorher* machen. Nicht erst dann, wenn der Treffer kommt – dann ist es zu spät. Nein, machen Sie das vorbeugend immer dann, wenn Sie Unsicherheit verspüren. Zusätzlich geben Sie Ihrem Körper den Befehl, sich „selbstbewusst" in seiner Körpersprache zu benehmen. Sie richten sich kerzengerade auf, wie ein stolzer Krieger. Sie zwingen sich, einen festen Blick zu halten, und Sie sprechen bewusst laut. Das sind die drei Parameter, die Ihrem Hirn signalisieren: „Hoppla, Hirnbesitzer ist heute ganz schön gut drauf. Du kannst Entwarnung geben." Das sind glücklicherweise aber auch gleichzeitig dieselben drei Parameter, die *anderen* Menschen den Eindruck vermitteln, jemand Selbstbewussten vor sich zu haben.

Die zweite unterstützende Methode, um Unsicherheit zu bekämpfen, ist, initiativ zu werden. In welcher Form auch immer. Nehmen Sie das Gespräch aktiv in die Hand. Sprechen Sie zuerst, bevor ein anderer Sie anspricht. Stellen Sie Fragen, noch besser Feststellungsfragen. Auf Fragen antworten Sie mit Rückfragen. Das Prinzip lautet: Handle mutig und du wirst mutig. Sie handeln entgegen Ihrer Unsicherheit – Sie handeln, obwohl Sie sich nicht danach fühlen. So kriegen Sie Ihre Unsicherheitsgefühle in den Griff.

> **Mein Tipp**
> Warten Sie nicht, bis der andere das Wort ergreift. Sprechen Sie zuerst.

Ich sollte einmal für eine amerikanische Firma in Englisch und Deutsch moderieren. Die deutsche Niederlassung befand sich in Frankfurt, die Werbeagentur war in Chicago und das Headquarter in New York. Die Amerikaner wollten vorher hören, wie gut ich Englisch kann. Zu diesem Zweck wurde ein Konferenztelefonat zwischen Frankfurt, New York, Chicago und Zürich geschaltet, wo ich wohne. Sie können sich sicher die Prüfungssituation für mich vorstellen. Vier Leute sitzen in unterschiedlichen Ecken der Welt wartend in der Leitung. Wer sagt wohl das erste Wort? Ich hatte mir vorgenommen, selbst die Initiative zu ergreifen. Ich wartete nicht, bis irgend jemand mich etwas fragte, sondern ich sagte in das Schweigen hinein: „Jim, here is Matthias. Go ahead. What are you interested in?“ Zu Deutsch: „Jim, hier spricht Matthias. Schieß los. Was interessiert dich?“ Damit war das Eis gebrochen. Mein Druck war weg, und die anderen redeten erst einmal. Danach war die Situation entspannt. Den Job habe ich übrigens bekommen.

Der wunde Punkt. Treffer in der Seele

Warum haben wir so oft keine Antwort auf verbale Angriffe? Weil wir mehr mit unserer Verletzung beschäftigt sind als mit der Antwort. Wir befinden uns unterhalb der Nulllinie unserer Handlungsfähigkeit. Unser Hirn kreist um die eigene Wunde und ist nicht nach außen gerichtet.

Vor allem dann, wenn unser „wunder Punkt" getroffen wird.

Jeder hat ja seinen wunden Punkt. Sie sind dick, haben ein Toupet, haben ein Problem mit Ihrem Alter, gehen zu Prostituierten, Sie sind Legastheniker, haben Mundgeruch, Sie trinken, Sie kennen Ihren Vater nicht, Sie haben keine anerkannte Bildung, sind noch nicht verheiratet usw. Das macht so manch anderem überhaupt nichts aus, aber für Sie sind es genau Ihre „Problemzonen". Und genau das sind die Dinge, auf die wir auf keinen Fall angesprochen werden möchten, die befürchteten Angriffe, die bei uns Horror auslösen.

Ich empfehle, auf die immer selben Vorwürfe mit der immer selben Antwortstrategie zu antworten. Das ist wie bei einem Automechaniker. Für ein identisches Problem benutzt er das immer selbe Werkzeug. Spielen Sie bei einem solchen Angriff alle meine Methoden und Techniken durch, wie eine Antwort damit klingen würde. Und diejenige, die Ihnen am besten gefällt, lernen Sie auswendig.

Sie können die Angriffe auch in allen möglichen Variationen auf Kassette sprechen. Hören Sie sich diese an und reagieren Sie mündlich mit Ihrem Konter.

Mein Tipp:
Sprechen Sie die Angriffe, die Ihren wunden Punkt betreffen, in allen möglichen Formulierungen auf Kassette, und hören Sie sie sich ständig an. Hinten dran sprechen Sie Ihren Konter.

Diese Technik hat mehrere positive Folgen. Erstens: Ihr Bewusstsein gewöhnt sich an die Angriffe. Es schockt sie nicht mehr, wenn der Angriff im echten Leben wirklich kommt. Zweitens sprudelt die Antwort sofort aus Ihnen raus und drittens gelingt es Ihnen, mit der Zeit zu dem „Fehler“ zu stehen. Das ist sowieso das höchste Ziel.

Meiner Überzeugung nach ist die beste Strategie für Angriffe, die den wunden Punkt treffen, die „Volle Zustimmung“.

> **Mein Tipp:**
> Stehen Sie zu Ihren vermeintlichen „Fehlern“.

Du wirst ja immer rot.
→ **Ja genau das werd ich. Meistens grundlos.**

Sie sind aber klein!
→ **Ja, genau. Eins achtundsechzig.**

Sie sind viel zu dick.
→ **Richtig erkannt. Ich wiege 110 kg.**

Du gehst doch zu Nutten.
→ **Genau. Einmal im Monat.**

Sie haben doch ein Toupet.
→ **Genau, das hab ich. Seit vier Jahren. Rutschfest und duschstabil.**

Was? So alt bist du schon?
→ **Genau, ich bin 37.**

Sie sind immer noch nicht verheiratet?
→ **Ja, na klar nicht.**

Der wunde Punkt als Feststellungsfrage

Wie immer können wir die Wirksamkeit dieser Technik massiv erhöhen, indem wir eine anschließende Frage anhängen. Eine sachliche Informationsfrage im Anschluss ist schon gut, noch besser ist eine Unterstellungsfrage.

Du wirst ja immer rot.
→ **Ja genau, das werd ich. Meistens grundlos. Wann wirst du rot? (Was ist dir peinlich?)**

Sie sind aber klein!
→ **Ja genau. Einsachtundsechzig. Wie groß bist du? (Mit was bist zu unzufrieden an deinem Körper?)**

Sie sind viel zu dick.
→ **Richtig erkannt. Ich wiege 110 kg. Wie viel wiegst du? (Was isst du am liebsten?)**

Du gehst doch zu Nutten.
→ **Genau. Einmal im Monat. Wie oft bist du schon fremdgegangen? (Bist du in anderen Bereichen auch verklemmt?)**

Sie haben doch ein Toupet
→ **Genau, das hab ich. Seit vier Jahren. Rutschfest und duschstabil. Haben Sie schon graue Haare bei sich entdeckt?**

Was? So alt bist du schon?
→ **Genau, ich bin 37. Wie alt bist du? (Wie alt willst du werden?)**

Sie sind immer noch nicht verheiratet?
→ **Ja, na klar nicht. Wie verlief euer letzter Ehekrach? (Wie oft hast du dir schon überlegt, dich scheiden zu lassen?)**

Und dann, nachdem der andere darauf wieder eine Antwort gegeben hat, können Sie als Erwiderung anhängen: „Mach dir nichts draus."

Dann können Sie die Replik durch die angehängte Frage wieder zum Bumerang machen.

Auf den immer selben Topf gehört immer derselbe Deckel

Ich empfehle, auf die immer selben Vorwürfe mit der immer selben Antwortstrategie zu antworten. Die muss man nur einmal finden und dann können Sie getrost auf den immer selben Topf den immer selben Deckel setzen.

Ich war zu einem Radiointerview in München eingeladen. Der Moderator war nur etwa 165 cm groß. Vorher war er beim Fernsehen und da wirkt man immer größer. Wenn die Leute ihn dann „in echt" sahen, hörte er ständig einen Kommentar dieser Art: „Oh, ich hab mir Sie größer vorgestellt. Sie sind aber klein." Er hatte wohl eine Standarderwiderung, die schon nicht schlecht war. Ich schlug ihm aber einen Frage-Antwort-Dialog vor, der ihm sehr gefiel.

Mensch, bist du klein.
→ **Weißt du auch warum?**
Nein.
→ **Als ich klein war, hat mir meine Mutter immer gesagt: Wenn du mal groß bist, musst du arbeiten.**

Denn genau für die eigenen Wunden-Punkt-Angriffe kann man sich einen wirksamen Spruch ein für allemal zurechtlegen, der dann einfach aus der Tasche gezogen werden kann.

Hier noch zwei Beispiele:

Bei Ihnen sind aber auch nur noch wenig Haare da.
→ **Beim Knie fängt´s auch schon an.**

Sie sind doch nur 'ne Hausfrau.
→ **Wissen Sie, ich kann's mir leisten.**

Auf meiner Homepage *www.poehm.com* finden Sie eine Bibliothek an Wunde-Punkt-Vorwürfen, zu denen Ihnen eine Vielzahl möglicher Antworten angeboten werden. Jeder Homepagebesucher kann auch neue Antworten vorschlagen oder seinen eigenen wunden Punkt mit in die Liste aufnehmen lassen.

Negativ-Aussagen in Positiv-Fragen ändern (21)

Ich schaute auf meine Uhr. Nur noch 13 Minuten bis zum Abflug. Zum vielleicht zehnten Mal schaute ich mich um. Keine Anzeigetafel vermerkte meinen Flug. Meine Nervosität steigerte sich immer mehr. Seit zwei Stunden saß ich im Abfluggebäude des Warschauer Flughafens und wartete verzweifelt auf irgendeinen Hinweis auf meinen gebuchten Flug nach Krakau. Ich musste unbedingt diesen Flug bekommen. Eine innere Stimme sagte mir: „Hier ist was faul. Frag lieber jemanden."

Den nächsten vorbeikommenden Mann mit einer Uniform sprach ich auf Englisch an. „Ich warte auf meinen Flug nach Krakau, ist irgendetwas passiert? Warum wird der Flug nicht angezeigt?" Er antwortete: „Sie sind im falschen Flughafengebäude. Sie haben einen Inlandflug gebucht – Sie müssen den Flughafen durchqueren und in die andere Abflughalle gehen."

Ich schaute entsetzt auf meine Uhr: „Nur noch 11 Minuten!" Ich griff sofort nach meinem einzigen Gepäckstück und rannte, was die Beine hergaben, in die Richtung, die mir der Mann angedeutet hatte. Außer Atem bog ich um die Ecke des letzten Flurstücks zum Abflugterminal und sah die Stewardess, wie sie die Absperrung bereits zuzog. „Das ist mein Flug! Ich muss da mit", sagte ich auf Englisch. Sie antwortete schulterzuckend: „Zu spät, der Bus ist bereits abgefahren." – Zwei Schrecksekunden später fragte ich: „Was müssen wir tun, damit der Bus wieder zurückkommt?"

Sie schaute mich nachdenklich mit offenen Augen an, ging dann an ein Telefon, tippte eine Nummer, sprach kurz mit irgendjemandem auf Polnisch und legte wieder auf. „Warten Sie", sagte sie und vier Minuten später war der Bus zurück und ich wurde als alleiniger Passagier zu den wartenden anderen Fluggästen im Flugzeug gebracht.

„Zu spät, der Bus ist bereits abgefahren", „Das lässt sich bei uns nicht verkaufen", „Das geht so nicht", „Wenn das so einfach wäre, würde das ja jeder machen", „Im Geschäftsleben können Sie ohne Anzug nicht zum Kunden gehen", „Die Konkurrenz hat einen zu großen Vorsprung, die können wir nicht mehr einholen", „Der Kunde wird das teure Angebot sicher ablehnen"... usw., usf.

Diese Liste von Negativ-Aussagen könnte ich bis zum Ende des Buches verlängern. Negativ-Aussagen oder Killerphrasen werden von jedermann im Privatleben genauso wie im Geschäftsleben ständig ausgesprochen. Den meisten Leuten ist gar nicht bewusst, wie limitierend sie dabei auf die Umgebung wirken. Es gibt eine brillant einfache Methode, wie Sie auf Negativ-Aussagen reagieren können.

Mein Tipp:
Sie kontern schematisch jede limitierende Negativ-Aussage mit einer Positiv-Frage.

Zu spät, der Bus ist bereits abgefahren.
→ **Was müssen wir tun, damit der Bus wieder zurückkommt?**

Sie beginnen die Frage meistens mit „Was können wir tun, damit …" oder „Welche Möglichkeiten gibt's doch, dass …" oder ganz einfach mit „Wie ist es *doch* möglich?"

Es geht darum, das Hirn der anderen wieder zur Kreativität zurückzuführen. Niemals aufzugeben. Keine scheinbar gegebene Grenzen zu akzeptieren.

Die Konkurrenz hat einen zu großen Vorsprung, die können wir nicht mehr einholen.

→ **Welche Möglichkeiten gibt's, dass wir den Vorsprung doch einholen?**

Eine Negativ-Aussage setzt einen Deckel auf ein spezielles Gefäß in Ihrem Hirn, das für Ihre genialen Einfälle zuständig ist. „Das Produkt lässt sich nicht verkaufen!" Ihr Hirn akzeptiert mit so einer Aussage eine scheinbar gottgegebene Grenze, die „man" einfach nicht überwinden kann. Das Problem ist, die Grenze gibt es real gar nicht, die besteht nur im Kopf. Ihnen kann gar keine Idee kommen, weil Sie einfach nicht mehr weiter nachdenken. Mit einer Positiv-Frage hingegen wird diese Grenze wieder aufgehoben. Sie stoßen den Deckel bei allen in der Gruppe wieder auf.

Das Produkt lässt sich bei uns nicht verkaufen.

→ **An was haben wir noch nicht gedacht, was wir tun können, damit das Produkt ein Verkaufsrenner wird?**

Der Kunde wird das teure Angebot sicher ablehnen.

→ **Was müssen wir tun, damit der Kunde das teure Angebot doch annimmt?**

Die Methode ist super-einfach und super-wirksam. Sie lässt sich in acht von zehn Fällen ganz schematisch auf alle limitierenden Aussagesätze anwenden.

Ihre Aufgaben:

Versuchen Sie es mal selbst mit zugegebenermaßen dramatischen Grenzen. Nur zur Übung.

1. Sie können doch die Konkurrenz nicht dazu bringen, für uns Werbung zu machen.

   ____

   ____

2. In einem Gefängnis kann man Geld nicht einfach offen liegen lassen, ohne dass es gestohlen wird.

   ____

   ____

3. Ich kann unseren Gewinn in einem Jahr nicht verzehnfachen.

   ____

   ____

Wie beurteilen Sie die Technik? Vergeben Sie Punkte zwischen 1 und 10.
Meine Punktzahl:

Mögliche Antworten für die Übung:

1. Welche Möglichkeiten gibt's, dass die Konkurrenz sogar Werbung für uns macht?
2. Welche Veränderungen müssen wir erreichen, damit die Insassen herumliegendes Geld nicht stehlen?
3. Wie schaffen wir's, unseren Gewinn innerhalb eines Jahres zu verzehnfachen?

Die Negativ-Aussagen in uns selbst

Wie kaum eine andere Technik hat diese Technik besonders ihre Widerspiegelung in uns selber. Nicht nur die „begrenzten anderen" setzen im Dialog einen Deckel auf ihre Kreativität, sondern wir selber haben in uns Tausende von solchen limitierenden Negativaussagen.
„Sie können als Frau doch nicht allein durch die Kneipen ziehen", „In meinem Alter kann man nicht mehr ein Studium beginnen", „Mit einer Familie ist das Risiko zu groß, sich selbstständig zu machen", „Wenn ich meinen Chef um eine Gehaltserhöhung bitte, sagt er, ich kann gehen", „Mit meinem Aussehen habe ich keine Chancen beim anderen Geschlecht", „Mit dieser Behinderung kann ich diesen Sport nicht mehr ausüben" … usw., usf.

Wir strotzen nur so vor internen Negativ-Aussagen. Das ist uns meistens gar nicht bewusst. Wir denken natürlich bei jeder dieser Aussagen: „Ja, das sind jetzt wirklich die *echten* Grenzen. Das muss man halt realistisch akzeptieren."

Gewöhnen Sie sich bitte an, wenn auch nur zum Sport, jede, ausschließlich jede „interne" Negativ-Aussage mit einer Positiv-Frage zu erwidern. Das heißt jetzt nicht, dass Sie in jedem Fall auch immer das tun, was da als mögliche Antwort hochkommt. Nein, es geht nur darum, dass Ihr Hirn in der Kreativitätszone bleibt. Dass Sie trainieren, weiterzudenken und nicht in scheinbaren Gegebenheiten stecken bleiben. Es geht darum, dass Ihr Hirn weiterhin brainstormhaft Ideen ausspuckt. In einem Satz: Sie trainieren, in ausweglosen Situationen einen offenen Geist mit immer sprudelnden Lösungsmöglichkeiten zu behalten.

In meinem Alter kann man nicht mehr ein Studium beginnen.
→ **Was muss ich tun, damit ich in meinem Alter noch studieren kann?**

Sie können als Frau doch nicht allein durch die Kneipen ziehen.
→ **Wie geht es, als Frau allein durch die Kneipen zu ziehen und Riesenspaß zu haben?**

Als Rollstuhlfahrer kann ich doch nicht Autostopp machen.
→ **Wie könnte ich es möglich machen, als Rollstuhlfahrer Autostopp zu machen?**

Mit solchen Fragen entstehen Quantensprünge an Neuerungen.

Vor etwa tausend Jahren, um die Jahrtausendwende, war folgende Negativ-Aussage Stand der damaligen Technik. „Es geht nun mal nicht, dass man mitten im Meer eine Stadt bauen kann. Man kann nicht genügend Material herantransportieren. Das Meer schwemmt es wieder weg. Unmöglich."

Die damaligen Gründer Venedigs, die Dogen, stellten sich die Frage: „Wie ist es möglich, da draußen mitten im Meer eine Stadt zu bauen? Wie?" Und Venedig wurde erbaut. Das müssen Sie sich einmal vorstellen, was für eine Leistung das mit den damaligen Mitteln gewesen ist.

Alle großen revolutionären Erfolge der Menschheitsgeschichte basierten auf der Fähigkeit, limitierende Negativ-Aussagen mit Positiv-Fragen zu beantworten.

Zum Ende des 19. Jahrhunderts war folgende Negativ-Aussage Stand der Wissenschaft: „Durch einen Metalldraht kann man keinen elektrischen Strom durchschicken, so dass er dauerhaft hell leuchtet, weil er sofort bricht, sobald er glüht. Metall verbrennt wie Holz und wird zerstört. Das ist nun mal so."

Thomas Alva Edison stellte die Frage: „Welche Möglichkeiten gibt's doch, so einen Draht dauerhaft zum Glühen zu bringen? Welche? Es gibt eine. Ich muss sie nur finden." – Und die Glühbirne wurde erfunden.

In den 40er Jahren war folgende Negativ-Aussage Stand der Wissenschaft: „Es ist nicht möglich, dass ein Mensch auf dem Mond landen kann. Die Distanz ist zu weit. Es gibt kein Transportmittel. Man kann so weit nicht funken. Es fehlt der überlebensnotwendige Sauerstoff. Es geht nicht."

Wernher von Braun stellte sich bereits damals die Frage: „Wie wäre es doch möglich? Wie?" Fast 30 Jahre später stand der erste Mensch auf dem Mond. Für mich auch heute noch unfassbar.

Die Lösung in der Zukunft (22)

Es wurden Untersuchungen gemacht, wann ein Mensch mit einer Antwort zufrieden ist. Eines der Ergebnisse war: Wenn wir ihm eine Lösung in der Zukunft in Aussicht stellen, dann findet er die Antwort gut.

Das Erstaunliche ist: Es ist gar nicht wichtig, ob eine wirkliche Lösung dahinter steht, ob nur über eine Lösung nachgedacht oder ob nur über eine Lösung geredet wird. Die Wirkung ist in etwa dieselbe. Wir müssen dem anderen nur das subjektive Gefühl geben, dass sein Problem bei uns in guten Händen ist. Und das tun wir.

Eine Fernsehjournalistin fragte mich während eines Interviews. „Sie sagen, Schlagfertigkeit kann man lernen wie Grammatik. Jetzt hab ich mal Ihre Prospekte durchgelesen. Die Grammatik stimmt vielleicht noch, aber es wimmelt von Schreibfehlern." Und dann las sie mir vor laufender Kamera einige Schreibfehler vor. Ich unterbrach sie:

„Ja, die hab ich größtenteils auch schon gesehen. Danke für den Hinweis. Wir haben das Problem erkannt. Beim nächsten Prospekt werden wir das von einem Schreibbüro durchkorrigieren lassen …" Und dann leitete ich zu einem anderen Thema über.

Sie spricht vom Problem, ich spreche von der Lösung. Das ist die Methode.

Sie richten den Blick immer nach vorne. Lösungen liegen zwingend in der Zukunft, und in der Zukunft sind Sie nicht angreifbar.

Wo haben Sie denn die Unterlagen abgelegt?

→ **Sie vermissen die Unterlagen? Ich such sie Ihnen und bring sie am Nachmittag in Ihr Büro.**

Sie bieten dem Fragesteller eine Lösung an. Das besänftigt ihn.

Die Methode ist besonders wirksam, wenn jemand im Vorwurfs-Modus ist. Quittieren Sie vorher noch seine Besorgnis, dadurch fühlt er sich aufgenommen, und knipsen Sie dann sofort auf Lösung um.

Mein Tipp:
Fragen Sie sich: „Was könnte ich tun, um dem Problem abzuhelfen?" Und das geben Sie als Erwiderung.

Sie haben wieder mal nicht zugehört.

→ **Scheinbar ist mir etwas entgangen. Können Sie's wiederholen, dann ist es auch mir klar.**

Ihre gelieferte Maschine hat in einer Woche schon drei Ausfälle gehabt.

→ **Wir haben das Problem erkannt. Wann können wir einen Techniker vorbeischicken, um sich das anzuschauen?**

Standards
- Was können wir tun, damit das Problem gelöst wird?
- Welche Ideen gibt es, was wir jetzt machen können?

Sie können auch mit einer Rückfrage den Gesprächspartner auf die Lösung fokussieren.

Einige Mitarbeiter sprechen offen darüber, Ihr Team zu verlassen.

→ **Ich sehe das Problem. Welche Ideen gibt es, um sie zum Bleiben zu bewegen?**

Schauen Sie mal, dass Ihr Kind ruhig wird.
→ **Ich sehe Ihr Problem. Haben Sie eine Idee, wie man es beruhigen könnte?**

Mit den beiden Einleitungssätzen „Wir haben das Problem erkannt …" und „Ich sehe Ihr Problem …" quittieren Sie zum einen die Besorgnis Ihres Gegenübers und zum anderen will Ihr Hirn automatisch etwas ergänzen, das nach „Lösung riecht".

Triggersätze:
- Wir haben das Problem erkannt …
- Ich sehe Ihr Problem …

Ihre Aufgaben:

Hier wieder drei Vorwürfe für Sie zum selbst Ausfüllen. Quittieren Sie seine Besorgnis und fokussieren dann sofort auf eine Lösung.

1. Sie sind schon wieder zu spät gekommen.

   ____

   ____

2. Ihr Konzept hat Schwachpunkte.

   ____

   ____

3. Ihr Service lässt zu wünschen übrig.

   ____

   ____

Wie beurteilen Sie die Technik? Vergeben Sie Punkte zwischen 1 und 10.
Meine Punktzahl: [ ]

Mögliche Antworten für die Übung:

1. Ich hab das Problem erkannt. Heute Nachmittag kauf ich mir einen zweiten Wecker.
2. Nur für den Moment. Wir sind bereits an der Lösung.
3. Wir haben das Problem erkannt. Wir suchen jetzt einen neuen Servicemitarbeiter.

Die Lösung in der Zukunft und Ihr Gefühl

Das Entscheidende im Leben ist, wie oft Sie echtes Glück und Zufriedenheit empfinden. Alles, was Sie tun im Leben, machen Sie letztlich nur, um ein paar Momente guter Gefühle zu haben. Das ist im Kern die einzige Motivation, auf die sich alles zurückführen lässt. Es sind ein paar Momente von Gefühlen, denen wir nachrennen, das ist eigentlich alles.

Wir erwarten Glück von Ereignissen. Aber es sind nicht die Ereignisse, die uns Zufriedenheit geben, es ist nur unsere *Einstellung* zu den Ereignissen. Wenn Sie von einem neuen Auto träumen, wenn Sie Kinder haben wollen, wenn Sie den Traumpartner suchen, wenn Sie einen befriedigenden Job haben wollen. Es ist nicht das Auto, es sind nicht die Kinder, es ist nicht der Partner, es ist nicht der Job, der Ihnen Zufriedenheit bringt. Es ist die Einstellung zu diesen Dingen. Lady Diana hatte Geld, Macht, war berühmt, sie war schön und … depressiv.

Schauen Sie Ihr Leben mal als Abfolge von Gefühlsmomenten an. Sie fühlen sich mal gut, mal schlecht und die meiste Zeit neutral. Was am Ende des Lebens zählt ist, wie oft waren Sie zufrieden, wie oft hatten Sie gute Gefühle und wie oft haben Sie sich geärgert und hatten negative Gefühle. Als Kind haben Sie mal ein gutes Polster vorgelegt. Da waren Sie fast dauernd im Glück. Ziel sollte es eigentlich sein, dass Sie gemittelt über einen Tag, über ein Jahr, über Ihr ganzes Leben immer eine positive Bilanz haben. Das heißt, dass Sie mit Ihrer Gefühlskurve häufiger oben als unten sind. Sie sind aber nicht Opfer dieser Kurven. Ihre Gefühle sind nicht so gottgegeben, wie Sie denken. Daran können Sie arbeiten.

Es geht jetzt darum, dass wir die Momente, in denen wir unterhalb der Nulllinie sind, ausgleichen und nach oben drücken. Damit ändern wir unsere Gefühlsbilanz.

Und hier liegt der eigentliche Nutzen dieser Technik. Wenn Sie in Ihrer Antwort auf „Lösung" umschalten, so werden Sie folgendes bemerken: Sie *fühlen* sich besser. Jede Technik hat eine Außenwirkung auf die Umstehenden und eine Innenwirkung auf Sie selber. Bei dieser Technik ist die Innenwirkung das eigentlich Wertvolle. Das Phänomenale ist, wenn Sie selbst intern auf „Lösung" umschalten, anstatt im Problem zu wühlen, werden Sie beobachten, dass sich ihre negativen Gefühle wieder neutralisieren. Probieren Sie es bitte wirklich mal aus.

Was macht eine Ameise, nachdem sie vom Wald zu ihrem Ameisenhügel zurückkommt und entdeckt, dass der Hügel zerstört worden ist? Das Erste was sie tut – sie setzt eine neue Tannennadel. Kein Ärgern, keine Wut, keine Verzweiflung, keine Enttäuschung – sie setzt eine neue Tannennadel! So müssen es auch Sie machen. Eine Ameise kann nicht über Probleme nachdenken, sie ist immer im Lösungsmodus. Und alle Gefühle wie Ärger, Wut, Trauer, Enttäuschung, Rache, Sorgen nützen der Sache nichts, sondern ändern nur Ihr Gefühl: Und wenn es negativ ist, lähmt es Sie. Sie fühlen sich schlecht, und die Sache bleibt trotzdem unverändert.

Jedesmal, wenn Sie sich ärgern, wenn Sie Wut empfinden, wenn Sie enttäuscht sind usw. sind Sie im Problem-Wälz-Modus. In neun von zehn Fällen wühlen Sie dabei ohne Notwendigkeit in der Problem-Wunde und fühlen sich nur schlecht dabei. Das ist selbst verschuldet, das hat kein Außenstehender gemacht. Nichts ändert sich dadurch, alles, was Sie erreichen, ist, dass Sie sich in Ihren negativen Gefühlen suhlen. Ihre Gedanken kreisen darum, wer schuld war, dass das Kind in den Brunnen gefallen ist, und warum sich andere nicht so verhalten haben, wie Sie es für richtig gehalten hätten, anstatt das Kind herauszuholen. Dem Kind kann geholfen werden – Ihrem Gefühlshaushalt auch.

Und hier der eigentliche Erfolg des Ansatzes „Lösung in der Zukunft". Sagen Sie sich jedes Mal, wenn Sie sich aufregen, wenn Sie wütend oder enttäuscht sind: Ich bin im Problem-Wälz-Modus, aber das will ich nicht, ich schalte sofort auf den Lösungsmodus um. Sie werden erstaunt feststellen: Ihr Gefühl ändert sich, es wird neutral, ja sogar positiv, denn Sie empfinden Freude über sich selbst.

Ich denke mir inzwischen nur noch das Wort „Lösung" und schon beginnt sich mein Gefühl zu ändern. Es ist interessant, welche Wirkung dieses Wort hat. Wenn Sie es übrigens einmal genauer anschauen, sehen Sie, dass darin das Wort „lösen" steckt. Sie lösen sich – vom Problem. Das heißt, Sie machen hinter sich den Vorhang zu, Sie lassen los und schauen nur noch nach vorne.

Mein Tipp
Jedes Mal, wenn Sie negative Gefühle empfinden, sagen Sie sich das Wort „Lösung" und überlegen sich, was Sie in Zukunft besser machen können. Ihr negatives Gefühl wird sich wandeln.

Thomas Alva Edison hat, um die Glühbirne zu erfinden, mehr als tausend Versuche gebraucht. Dieses permanente Scheitern konnte er nur deswegen durchstehen, weil er seine Gefühle gemanagt hat. Er blieb bei allen gescheiterten Versuchen immer im Lösungsmodus. Bei jedem weiteren Versuch, der schief gegangen ist, hat er sich gesagt: „Gott sei Dank, jetzt habe ich wieder einen Weg weniger, den ich suchen muss." Wenn er sich vor jedem Versuch gesagt hätte: „So, jetzt muss es klappen" – wäre er tausend Mal enttäuscht gewesen. Schon nach dem zehnten Versuch hätte er nicht mehr die Kraft gehabt, weiterzumachen. So konnte er jeweils ohne Energieverlust gleich zum nächsten Versuch übergehen. – Denken Sie an die Ameise.

Wenn ein Bauarbeiter eine Bauabsperrung nicht ordnungsgemäß markiert hat und Sie haben sich dadurch fast den Hals gebrochen, dann ärgern Sie sich nicht, sondern sagen sich: „Ich behalte meine gute Laune, wie sieht die Lösung aus?" Und dann lassen Sie los und Ihr Gefühl ändert sich – garantiert.

Wenn Sie möchten, dass sich das Geschehen, das Ihr negatives Gefühl ausgelöst hat, in Zukunft nicht wiederholt, dann handeln Sie: Aber so, dass Ihre Gefühle neutral bleiben. Gehen Sie zu dem Menschen, der für die Bauabsperuung verantwortlich ist, und sagen Sie ihm mit einer „Lösungsmodus"-Stimme: „Ich hab eine Idee, die Ihnen nutzt." Und dann schlagen Sie ihm vor, was er in Zukunft besser machen könnte. Nicht belehrend, nicht vorwurfsvoll, weil das Ihre negativen Gefühle wieder hochkommen lässt. Ob Sie sich aufregen oder nicht, können Sie ganz einfach testen: Bevor Sie zu dem Menschen gehen, versuchen Sie mal zu lächeln. Gelingt Ihnen das so, dass Sie selbst denken, es sei echt, dann können Sie sprechen. Ansonsten sind Sie noch nicht im Lösungsmodus angekommen, sondern immer noch im Problem-Modus. Dann lassen Sie's lieber.

Antwort mit höherem Ziel (23)

Der vorhin erwähnten Fernsehjournalistin, die mir während eines Interviews Schreibfehler in meinen Prospekten vorlas, hatte ich ja Folgendes geantwortet: „Ja, die hab ich größtenteils auch schon gesehen. Danke für den Hinweis. Wir haben das Problem erkannt. Beim nächsten Prospekt werden wir das von einem Schreibbüro durchkorrigieren lassen …" Danach fügte ich allerdings noch etwas an: „Aber das Entscheidende sind doch nicht die Schreibfehler in einem Prospekt, sondern das Entscheidende ist, wie ich den Menschen helfen kann, eine Antwort zu finden, denen vorher keine eingefallen ist. Darum geht's doch hier. Und nicht um Schreibfehler."

Dieser Nachsatz gehorcht ebenfalls einem Prinzip. Sie geben das höhere Ziel als Antwort.

Altbundeskanzler Helmut Kohl hat diesen Grundsatz öfter eingesetzt. Als 1999 der CDU-Spendenskandal mit geheimen Konten in Liechtenstein und der Schweiz aufgedeckt und er von allen Seiten bedrängt wurde, die Namen der Spender zu nennen, war seine immer wiederkehrende Antwort: „Ich habe mein Ehrenwort gegeben, daran will ich mich halten." Welch edles höheres Anliegen!

Damit Sie einfach eine Antwort finden, die Ihr Hirn automatisch auf das höhere Ziel lenkt, hier zwei Triggersätze, mit denen Sie Ihre Antwort beginnen können:

„Es geht nicht darum …" und

„Das ist doch nicht das Entscheidende, entscheidend ist …"

Triggersätze

- Es geht nicht darum …
- Das ist doch nicht das Entscheidende, entscheidend ist …

Die Gewinne letztes Jahr sind zusammengebrochen. Die Börsenkurse bewegen sich seit langem waagrecht. Wie wollen Sie das den Aktionären erklären?

→ **Es geht nicht darum, kurzfristige Aktiengewinne zu erzielen, sondern darum, mit neuen Produkten die Firma langfristig auf die Herausforderungen im nächsten Jahrtausend vorzubereiten. Und hierin sind wir führend in unserer Branche.**

Mit dem Nachsatz: „... und hier sind wir führend in unserer Branche" verstärken Sie noch einmal die Wirkung Ihrer Aussage. Das kommt gut an. Machen Sie das zur Regelmäßigkeit. Fügen Sie also noch einen Schlusssatz an, beginnend mit „und da haben wir ..." oder „und da sind wir ..." oder „und das werden wir ...". Und so weiter. In diesem Satz, der immer mit „und" beginnt, wird eine Tatsache als gegeben geschildert, die Ihre Macherqualitäten dokumentiert. Das ist eine Methode, mit der Politiker oftmals Punkte machen.

Warum haben Sie Ihre Kunden nicht früher informiert?

→ **Für eine Firma geht es nicht darum, Kunden zu informieren, sondern Marktanteile auszubauen. Und das haben wir getan.**

Wenn Haschisch freigegeben wird, ist das nicht eine Einstiegsdroge?

→ **Es geht nicht um die Frage nach der Einstiegsdroge, es geht darum, dass wir die gesamte Drogen-Kriminalität in den Griff kriegen. Und das werden wir erreichen.**

Hier ein Tipp für all diejenigen, die in einer fremden Firma etwas präsentieren müssen und dann Zwischenfragen fürchten. Rufen Sie die Rezeptionistin an und fragen Sie, ob Sie das Leitbild der Firma haben könnten. Die ist heilfroh, dass sich endlich jemand mal dafür interessiert und schickt es Ihnen gerne zu. Jetzt haben Sie die festgeschriebenen höheren Ziele der Firmenleitung vor sich. Damit sind Sie wunderbar gewappnet, um bei eventuellen Zwischenfragen mit deren eigenen höheren Zielen zu kontern.

Mein Tipp:
Bereiten Sie sich im Vorfeld von Verhandlungen, Diskussionen, zu erwartenden Interviews vor und stellen sich die Frage: „Welches höhere Ziel haben wir? Was ist das Entscheidende? Um was geht es hier im Kern?" Derart präpariert können Sie nicht nur eine gute Antwort landen, sondern Sie können die Diskussionen wieder auf den Punkt zurückholen, wenn sie wieder mal aus dem Ruder gelaufen ist.

Zum Üben:

Hier wieder drei Angriffe, die Sie bitte selbst mit dem höheren Ziel beantworten sollen.

1. Wird das jetzt personelle Konsequenzen haben?

   ____

   ____

2. Da sind aber viele Leute im Seminar. Das ist doch nur Geldmacherei!

   ____

   ____

3. Aber diese Werbekampagne kostet doch viel zu viel! Wie sollen wir das Geld jemals wieder reinholen?

____

____

Wie beurteilen Sie die Technik? Vergeben Sie Punkte zwischen 1 und 10.
Meine Punktzahl: ☐

Mögliche Antworten für die Übung:

1. Es geht jetzt nicht um Personalentscheidungen, sondern um Schadensbegrenzung. Und da haben wir unsere Hausaufgaben gemacht.
2. Es geht nicht darum, wie viele Leute im Seminar sind, sondern dass Sie hier rausgehen und schlagfertig sind. Und das werden Sie sein.
3. Wichtig sind nicht in erster Linie die Kosten. Wir wollen die Nummer Eins werden im Markt, das ist das Wichtige. Und wir sind auf dem besten Weg.

Höheres Ziel und innere Schlagfertigkeit

Auch diese Technik hat ein Spiegelbild in Ihrem Innern. Das höhere Ziel gegenüber außen im Dialog zu benutzen, ist schon wirksam. Noch wirksamer ist es, es im inneren Dialog zu benutzen. Nicht dem anderen das höhere Ziel hinhalten, sondern sich selber das höhere Ziel hinhalten! Nur wenn Sie selbst ein höheres Ziel haben, können Sie dem anderen ein höheres Ziel erwidern.

Die meisten Menschen haben kein höheres Ziel. Auch Sie, liebe Leser, überlegen sich wahrscheinlich viel zu selten: „Was mache ich denn da überhaupt in meiner Abteilung?

Um was geht es denn im Kern? Was ist das höhere Ziel?“ Diese Fragen sollten Sie sich in Bezug auf Ihre Abteilung stellen, in Bezug auf Ihre Firma, in Bezug auf Ihre Karriere, in Bezug auf Ihre Familie, in Bezug auf Ihr Leben. Wohin soll die Reise gehen? Nur wenn Sie sich diese Frage beantwortet haben, haben Sie eine innere Stärke, die Sie nicht nur selbstbewusster macht, sondern die Ihnen erlaubt, auch Ihrem Gegenüber mit viel klarerer Linie zu begegnen.

Sie sollten sich einmal pro Monat aus Ihrem Tagesgeschäft ausklinken und nur strategisch überlegen. Egal wie klein oder groß der Bereich ist, in dem Sie Verantwortung tragen, Sie sind Kapitän in diesem Bereich. Ein Kapitän muss regelmäßig den Sextanten herausholen und orten, wo in den Weltmeeren gerade seine Position ist. Und er muss bestimmen, wo das nächste Ziel, der nächste Hafen ist, der angelaufen werden soll. Wenn Sie das nicht machen, treibt Ihr Schiff wie eine Nussschale auf dem Meer und landet dort, wo die Wellen, der Wind und die Umstände es zufällig wollen.

Nehmen Sie sich also einmal pro Monat einen ganzen Tag eine Auszeit, in der Sie *kein* Tagesbusiness erledigen. Gehen Sie weg von Ihrem Büro, und nehmen Sie sich Ihre Jahresziele und 5-Jahres-Ziele vor: Überprüfen Sie, wo Sie gerade stehen. Was haben Sie erreicht, welche Ziele sind überflüssig geworden, welche Ziele müssen neu hinzugefügt werden? Stellen Sie sich bei den 5-Jahres-Zielen die Frage: Was muss ich bereits jetzt tun, damit meine Ziele in fünf Jahren Wirklichkeit werden?

Nur wenn Sie selber höhere Ziele haben, können Sie bei anderen mit einem höheren Ziel kontern. Ein höheres Ziel präsent zu haben, ist aber nicht nur für Ihre Schlagfertigkeit gut, sondern für Ihren Erfolg allgemein.

Wenn Sie Ziele haben, denen Sie anderes unterordnen, erreichen Sie sie auch. In Amerika hörte ich einen Vortrag von General Norman Schwarzkopf. Zur Erinnerung:

General Schwarzkopf war der Oberbefehlshaber von 800.000 Soldaten während des Golfkriegs gegen Saddam Hussein. Diesen Krieg hatte er 1991 geführt und gewonnen. Er hat sich täglich beim Auftauchen von Schwierigkeiten eine Frage gestellt: „Wenn ich dieses Problem beachte, nutzt es mir oder schadet es mir bei meinem Ziel, Saddam Hussein aus Kuwait rauszuwerfen?" Und nur wenn die Antwort war: „Ja, es nutzt", hat er es beachtet. Ansonsten hat er es ignoriert und seinem höheren Ziel untergeordnet. Er hat sich täglich seinem Ziel, seinem Fixstern, unterworfen.

So müssen Sie es auch machen, dann erreichen Sie Ihre Ziele und es bleiben nicht nur Träume. Hindernisse werden nur dann sichtbar und groß, wenn Sie Ihren Blick vom Fixstern wegnehmen und auf den Boden richten.

VI. Schlagfertigkeit – Überblick und Ausblick

Die Schlagfertigkeit mag vielen als ein unüberschaubarer Wirrwarr von einzelnen Techniken erscheinen. In diesem Buch kommen insgesamt 40 verschiedene Techniken vor. Zu Hause habe ich ungefähr das Doppelte und ständig kommen neue dazu. Es gibt aber immer wiederkehrende Grundprinzipien, die sich wie ein roter Faden durch Gruppen von Techniken hindurchziehen. Manche Prinzipien finden sich in der einen Technik, aber man erkennt sie genauso in einer zweiten, dritten und vierten Technik wieder.

Im Folgenden fasse ich für Sie die Grundprinzipien der Schlagfertigkeit noch einmal zusammen – das bietet Ihnen einen hilfreichen Überblick.

Die acht Bausteine der Schlagfertigkeit

Wenn Sie Schlagfertigkeit lernen möchten, ist es unbedingt hilfreich, die Grundprinzipien – ich nenne sie die Bausteine der Schlagfertigkeit – zu kennen. Damit bekommen Sie ein Basisrepertoire, mit dem Sie einfacher das Wesen der Schlagfertigkeit verinnerlichen.

Das ist so ähnlich wie beim Kochen. So viele unterschiedliche Rezepte es auch gibt, es gibt Grundprinzipien, wie Zwiebeln anbraten, Soßen binden oder Gemüse blanchieren, die Sie beim Zubereiten von unterschiedlichsten Mahlzeiten immer wieder einsetzen können. Je mehr dieser Einzelbausteine Sie verinnerlicht haben, umso einfacher wird es für Sie, zu einem virtuosen Meisterkoch zu werden. Dasselbe gilt auch für die Schlagfertigkeit.

Der Baustein Nr. 1: Indirekt ausdrücken

Erinnern Sie sich an die zwei „Jugend Forscht"-Sieger, die mit ihrem Mühle spielenden Roboter in der Sendung von Harald Schmidt zu Gast waren? (Siehe Seite 178). Bei der Präsentation des Roboters trug sich Folgendes zu:

Das Spielbrett war auf einem Holzgehäuse aufgebaut. Eine näselnde Computerstimme gab ab und an den immer selben Kommentar zum Spielverlauf ab. „Das haben Sie wohl falsch gemacht." Harald Schmidt plötzlich: „Kriegt der Japaner in der Kiste eigentlich genug Luft?" Riesengelächter im Publikum.

Warum muss man darüber eigentlich so lachen? Der Witz ist deshalb so gelungen, weil er zwei Sachverhalte in einer Bemerkung verpackt hat, aber diese nicht direkt gesagt, sondern indirekt ausgerückt hat. Die erste Botschaft war: „Das klingt wie japanisch." – Die zweite Botschaft war: „Wir haben einen kleinen Mann in die Kiste gesperrt, der diesen immer wiederkehrenden Text sprechen muss.“ Hätte Harald Schmidt das aber so direkt ausgesprochen, hätte das nie und nimmer witzig gewirkt. Erst durch die Frage „Kriegt der Japaner in der Kiste eigentlich genug Luft?“ kommt man durch Weiterdenken und Rückschlüsse auf dieses Ergebnis. So entsteht Witz und so entsteht Schlagfertigkeit.

Eine große Basisfertigkeit des Schlagfertigkeit besteht darin, die Dinge indirekt durch die Blume auszudrücken. Das *direkte* Ausdrücken wirkt nicht schlagfertig – das wirkt plump. Wenn Sie den Angriff: „Du Trottel“ mit „Du bist ein Idiot“ kontern, wirkt das nicht schlagfertig. Wenn Sie hingegen fragen: „Wann musst du eigentlich wieder ins Heim zurück?“ wirkt das schlagfertiger. Erst durch Weiterdenken schließt man, dass der Befragte wahrscheinlich einen Dachschaden hat. Um schlagfertige Bemerkungen zu machen, muss man die gewünschten Botschaften durch die Blume ausdrücken lernen.

Dies gelingt sehr oft, indem man eine Frage stellt, die bewusst in eine falsche Richtung zielt, aus der man aber die gewünschten Rückschlüsse zieht. Sowohl „Kriegt der Japaner in der Kiste eigentlich genug Luft?“ als auch „Wann musst du eigentlich wieder ins Heim zurück?“ sind Fragen, deren Beantwortung eigentlich völlig unwichtig ist, aber aus der Tatsache, dass diese Frage gestellt wurde, kann man die gewollten Botschaften rückschließen.

Während Helge Schneiders Bühnenshow spielt der Pianist seiner Bühnencrew mit vollem Körpereinsatz. Obwohl der Mann in einen Anzug gehüllt ist, gleicht sein Aussehen eher dem eines Clochards. Wild wippend und zuckend bearbeitet er die Tasten. Sein Bart geht fast bis zum Bauchnabel und sein zotteliger Haarkranz um die Glatze berührt seine Schultern. Als er aus seiner klavierspielenden Verzückung wieder in die normale Welt zurückgekommen war, fragte ihn Helge Schneider beiläufig: „Wie war das eigentlich damals, als dich Reinhold Messmer entdeckt hat?“ Das Publikum biegt sich vor Lachen.

Auch hier funktioniert wieder das indirekte Ausdrücken. Die eigentliche Botschaft dahinter lautet: „Du siehst aus wie ein Yeti aus dem Himalaja.“ Aber auch hier wurde erst durch eine Frage die eigentliche Botschaft indirekt transportiert. Je weiter der Bogen zurück ergänzt werden muss, umso besser ist es.

Eine sehr hübsche, sehr sympathische Bedienung wurde von einem Gast massiv beleidigt: „Du Schlampe – du Hure.“ Sie aber blieb gelassen und antwortete: „Sie sind ein ganz netter Mensch – kann aber sein, dass wir uns beide täuschen.“ Das ist deshalb so elegant, weil der Gegenangriff erst durch Weiterdenken Gestalt annimmt.

Witz und Schlagfertigkeit entstehen, indem man aus dem letzten Satz den Rest der Geschichte ergänzt. Dies wird hervorragend in den täglichen „EVA“-Cartoons aus dem Züricher Tagesanzeiger deutlich gemacht.

Der Cartoonist setzt dieses Prinzip auch bei seinen Cartoons um. Das letzte Bild, das den Witz erst entstehen lässt, ist dasjenige, aus dem Sie den Rest der Geschichte rückschließen können. Wie auch bei vielen Cartoons, ist auch bei der Schlagfertigkeit der Clou, dass der Zuschauer den Rest der Geschichte im Kopf ergänzen muss.

Schreiben Sie den Namen einer Person, die Sie nicht leiden können.
→ **Schreibt man Pöhm mit „h“?**

Hier, bei der Technik des *Frotzelns*, wirken Sie deshalb schlagfertig, weil der Zuhörer erst aus dem letzten Satz, (wiederum eine Frage) ergänzen muss, dass Pöhm der Unsympath ist.

Wenn Sie hingegen dieselbe Botschaft direkt ausdrücken, wirken Sie nicht so schlagfertig. Urteilen Sie selbst:

Schreiben Sie den Namen einer Person, die Sie nicht leiden können.
→ **Da schreib ich Pöhm.**

Sabine, dich kann ja jeder Mann haben.
→ **Was denkst du, von was ich lebe?**

Bei dieser Antwort, wurde die Technik *übertriebene Zustimmung* angewandt. Erst durch die Frage „Was denkst du, von was ich lebe?“ schließt man zurück, dass die Angegriffene offensichtlich als Prostituierte arbeitet.

Wenn Sie hingegen dieselbe Botschaft direkt ausdrücken, wirken Sie nicht so schlagfertig. Urteilen Sie selbst:

Sabine, dich kann ja jeder Mann haben.
→ **Stimmt, ich bin eine Prostituierte.**

Weshalb gehen Sie ins Bordell?
→ **Kennen wir uns von dort?**

Hier wurde die Technik *versteckter Gegenangriff* angewandt. Auch hier wird erst durch die Frage: „Kennen wir uns von dort?“ ausgedrückt, dass der andere sich wohl auch dort herumtreibt.

Wenn Sie hingegen dieselbe Botschaft direkt ausdrücken, wirken Sie nicht so schlagfertig. Urteilen Sie selbst:

Weshalb gehen Sie ins Bordell?
→ **Warum gehen Sie denn?**

Zum Schluss noch einen von Harald Schmidt: „Ich setze mich in der Zugtoilette schon lange nicht mehr hin. Nicht aus hygienischen Gründen – Ich bin mal auf dem Weg nach Dortmund in einer Weiche hängen geblieben.“

Der Baustein Nr. 2: Lösung

„Ihr Produkt lässt sich bei uns im Laden nicht verkaufen“, sagt der Parfümerieinhaber zu der Parfumvertreterin. Sie erwidert: „Welche Verkaufsmöglichkeiten gibt’s noch, an die wir nicht gedacht haben?“

Das vermeintliche Opfer weigert sich, die gegebene Grenze des Angreifers zu akzeptieren. Es fragt nach einer möglichen Lösung.

Der Angreifer kommt mit einem Angriff – in dem eine negative Tatsache angesprochen wird. Sie kontern unmittelbar mit einer Lösung oder einem Lösungsvorschlag oder mit einer Rückfrage, die ihn auf eine Lösung fokussiert. Dies ist ein Grundprinzip des schlagfertigen Antwortens. Sie fokussieren den anderen auf die Lösung.

Das gefällt mir nicht, was Sie da anhaben.
→ **Was würde Ihnen denn gefallen?**

Mit der Technik *Rückfrage: Die Lösung nachfragen* wird ebenfalls auf die Lösung fokussiert. Nach der Aussage wird der Angreifer einfach gebeten, selbst eine Lösung für sein geschildertes Problem zu liefern. Der Angegriffene dreht den Vorwurf in seiner Rückfrage ins Gegenteil um.

Zu spät, der Bus ist bereits abgefahren.
→ **Was müssen wir tun, damit der Bus wieder zurückkommt?**

In der Technik *Negativ-Aussagen in Positiv-Fragen ändern* wurde ebenfalls der Baustein *Lösung* benutzt. Negativ-Aussagen oder Killerphrasen werden auf diese Weise blockiert. Mit der Negativ-Aussage wurde eine scheinbare Unmöglichkeit festgestellt. Aber durch die Positiv-Frage wird das Hirn dazu angeregt, eine Lösung für das Unmögliche zu überlegen.

Wo haben Sie denn die Unterlagen abgelegt?

→ **Sie vermissen die Unterlagen? Ich such sie Ihnen und bring sie am Nachmittag in Ihr Büro.**

Dies ist die klassischste aller Lösungstechniken. Sie bieten dem Angreifer *Die Lösung in der Zukunft* an. Er fragt: „Wo haben Sie denn die Unterlagen abgelegt?“. Sie nehmen ihm den Wind aus den Segeln, indem Sie zunächst quittieren, was sein Problem ist – und anschließend eine mögliche Lösung anbieten.

Der Baustein Nr. 3: Übertreiben

Ich schaute auf die Skier links und rechts neben mir. Erstaunt blieb mein Blick stecken. „Nein, das gibt’s doch nicht!“, dachte ich „Da ist noch ein anderer, der auch keine Carving-Skier hat.“ Von vier Leuten auf dem Sessellift hatten zwei herkömmliche Skier und zwei die überall sichtbaren, innen enger geschnittenen Carvingskier. Nur selten traf man Skifahrer, die nicht den alles dominierenden Modetrend mitmachten. Ich schaute der Besitzerin der Skier rechts von mir gerade ins Gesicht. „Das sind keine Carving-Skier, oder?“ fragte ich Zustimmung heischend. „Nein,“ bestätigte sie mir, „das sind herkömmliche Ski. Die fahr ich lieber“. Ich erwiderte: „Ja, da bin ich beruhigt, ich hab auch die Normalen. Kürzlich hab ich viel Geld dafür geboten bekommen“ – nach einer kleinen Pause fügte ich an: „… von einem Antiquitätenhändler.“ Alle auf dem Sessellift lachten.

Schlagfertigkeit, soweit es die Witzfertigkeit betrifft, lebt von der Fähigkeit, maßlos und absurd übertreiben zu können.

Zur Deutlichmachung, dass die Skier jetzt out sind, übertreiben Sie. Aber so, dass ein absurdes Szenario daraus entsteht. Wo, so fragen Sie sich, kann ich in der allen bekannten Alltagswelt ein Bild finden, dass die Skier out, out, out of out macht?

Zwei Abiturienten – Sie kennen sie bereits – stellen ihren Mühle spielenden Roboter vor. Plötzlich streikt der Roboter. Erstaunt zählt ein Abiturient die Kugeln nach und stellt fest, dass mehr Kugeln auf dem Brett sind, als nach Spielverlauf hätten darauf sein dürfen. Alle wundern sich und schauen Harald Schmidt an. Der sagt Entschuldigung heischend: „Oh, ich hab zwei Minuten geschlafen.“

Den kurzen Moment von Unaufmerksamkeit übertreibt Harald Schmidt maßlos.

Ihre Krawatte ist krumm gebunden.

→ **Stimmt, ich wollt mich gerade aufhängen.**

Die Technik *Übertriebene Zustimmung* lebt ausschließlich von der Übertreibung. Wir machen die uns vorgeworfene krumm gebundene Krawatte in der Antwort um eine Dimension schlimmer. Dabei suchen wir eine Übertreibung – dann ein Szenario, das absurd genug ist, diese Übertreibung zu erklären.

Ein SAT.1-Sportmoderator kommentiert das Handicap des deutschen Fußball-Nationalspielers Miroslav Klose gegenüber seinen kopfballstarken Gegnern: „Klose ist leider nicht größer als ein Beistelltisch.“

Bei der Technik *Deftiger Vergleich* macht man sich ebenfalls die Übertreibung zu Nutze. Um auszudrücken, dass Klose kleiner ist als seine Gegenspieler, wird extrem übertrieben. Man sucht einen spaßigen Vergleich, der seine kleine Körpergröße bildhaft ausdrückt.

Inmitten einer geselliger Runde sitzt abgekapselt eine Mutter, die sich mit ihrem Kleinkind beschäftigt. Sie nimmt an keinem Gespräch der sie umgebenden ausgelassenen Menschen teil. Wie in einem Raupenkokon hat sie sich von ihren Freunden isoliert und himmelt nur selbstvergessen ihr Kleinkind an. Einer in der Runde kommentiert: „Das sind so typische Mütter, die ihr Kind an Autobahnraststätten aussetzen!"

Auch bei der Technik *Das Offensichtliche ins Gegenteil verkehren* wird übertrieben. Diesmal allerdings verkehrt man das, was offensichtlich zu beobachten ist, in das *Gegenteil*. Offensichtlich ist, dass die junge Mutter dem Leben scheinbar keinen anderen Inhalt mehr abringen kann als ihren Nachwuchs. Jetzt verkehrt man es in das Gegenteil und dieses Gegenteil wird dann extrem übertrieben.

Sie sind im 3-Sterne-Restaurant und bekommen einen fast leeren Teller als Hauptgang gereicht. Ihr Kommentar: „O je, wer soll denn das alles essen?" Der Kellner setzt noch eins drauf: „Ja, ich dachte, Sie erwarten noch 'ne Fußballmannschaft."

Auch die Technik *Einsteigen auf das Veräppelungsszenario* lebt von der Basisfertigkeit, übertreiben zu können.

Sie sind doch ein armer Schlucker.

→ **Wenn Sie damit sagen wollen, dass ich keiner dieser überheblichen Neureichen bin, dann stimme ich Ihnen zu.**

Die Technik *Vorwurf uminterpretieren durch Übertreiben des Gegenteils* beinhaltet ebenfalls die Basisfertigkeit zu übertreiben. Diesmal allerdings übertreiben wir das Gegenteil des Vorwurfs. Wir kehren den „armen Schlucker" zunächst in sein Gegenteil. Das wäre ein reicher Mensch. Das aber ist noch nicht unappetitlich. Also übertreiben wir das Reeichsein und machen ihn so unangenehmer, zu einem „überheblichen Neureichen“.

Der Baustein Nr. 4: Ins Gegenteil verkehren

„Du hast zugenommen“, sagt der Neffe zu seiner Tante, als er ihr nach Monaten wieder einmal zufällig in der Stadt begegnet. Sie erwidert trocken: „Du meinst also, dass ich *nicht* magersüchtig bin.“

Mit einer Unterart der Technik *Sie wollen damit sagen …* wird der Vorwurf „zugenommen“ in sein Gegenteil „mager“ gekehrt und zu „magersüchtig“ negativ verzerrt.

Ein großes Prinzip der Schlagfertigkeit ist die Fähigkeit, ruckartig den gehörten Vorwurf in sein Gegenteil umkehren zu können.

Du bist ein Geizkragen!
→ **Wäre dir lieber, ich wäre am Monatsersten immer pleite?**

In der Rückfrageart: *Wäre dir lieber …* nehmen wir ebenfalls das Gegenteil des Vorwurfs und verzerren ihn ins Hässliche. Diesmal aber in der Frageform. Hier wurde aus „Geizkragen“ ein Verschwendertyp gemacht, der am Monatsersten schon pleite ist.

Sie haben gelogen.
→ **Sie täuschen sich, ich sage immer die Wahrheit.**

Beim *Kategorisch Richtigstellen (Gegenteil behaupten)* wird auch das Gegenteil des Vorwurfs formuliert. Aus „Lügen“ wurde in der Antwort sein Gegenteil „Wahrheit sagen“ formuliert.

Mit Ihrem Verhalten stören Sie jede Diskussion!

→ **Wie müsste denn Ihrer Ansicht nach ein Verhalten aussehen, das die Diskussion stützt?**

In einer weiteren Rückfrageart *Die Lösung rückfragen* wird meist auch das Gegenteil des Vorwurfs formuliert. Das „Verhalten, das die Diskussion stört“ muss in der Rückfrage in das „Verhalten, das die Diskussion stützt“ gewandelt werden.

Der Baustein Nr. 5: Uminterpretieren

„Wissen Sie eigentlich, was Denken heißt?“ faucht der Chef seinen Mitarbeiter vor versammelter Mannschaft an. Der lässt sich jedoch nicht aus der Ruhe bringen und entgegnet: „Sie finden also, ich habe etwas nicht bedacht, Herr Hansen.“

Diese Antwort gehorcht der Technik *Als Gentleman ausdrücken*, in der ein deftiger Vorwurf wie „Wissen Sie eigentlich, was Denken heißt?“ in eine höfliche Form übersetzt wird.

Darin liegt ein weiterer Grundbaustein für schlagfertiges Antworten: Wir erwidern *unsere* Interpretation des Angriffs. Egal, was als Angriff kommt, das, was negativ klingt, wird so umformuliert, dass der Angegriffene im guten Licht erscheint oder umgekehrt der Angreifer im schlechten Licht erscheint.

Ach, Sie trinken Alkohol? Ich kann auch so lustig sein.

→ **Sie wollen damit sagen, ich bin ein verklemmter Alkoholkranker, der nur dann aus sich rausgehen kann, wenn**

er vollkommen besoffen ist. Ist das richtig?

Auch hier wurde eine Interpretation als Antwort geliefert. Mit der Technik *Den versteckten Angriff auspacken* wurde der nur durch die Blume angedeutete Angriff so umformuliert, dass die nicht ausgesprochene Unterbotschaft in Ihrer Hässlichkeit offengelegt wird. Hier sieht der Angreifer schlecht aus.

Klar, dass die Frauen wieder zu spät kommen.

→ **Stimmt, die wichtigsten Personen kommen am Schluss.**

Auch hier fand eine Uminterpretation statt. Es wurde die Technik *Uminterpretieren: Der Nutzen aus dem Vorwurf* angewandt. Der Vorwurf „Klar, dass die Frauen wieder zu spät kommen“ wird von der Angegriffenen so umformuliert, dass sie gut wegkommt. Ihre Botschaft: Wer zu spät kommt, ist wichtig.

Der Baustein Nr. 6: Nonsens

„Was, das Märchen vom hässlichen kleinen Entlein kennen Sie nicht?“, fragte mich eine Teilnehmerin während des Seminars „Schlagfertig & erfolgreicher“. Darauf ich: „Nein, nie gehört.“ Sie: „Hat Ihnen Ihre Mutter niemals Märchen vorgelesen?“ Ich: „Nein, immer nur die Aktienkurse.“

Ein großer, großer Grundbaustein der Schlagfertigkeit ist der Nonsens, der Unfug, der als Antwort gegeben wird. Nonsens entsteht dann, wenn Sie bewusst die Rolle eines leicht minderbemittelten Menschen einnehmen.

Einer, der alles falsch kapiert, der die Dinge immer verwechselt.

Welches Sternzeichen haben Sie?
→ **Ich bin Junggeselle, Aszendent Wasserwaage.**

Bei der Technik *Bewusst die falsche Lösung suchen* geben Sie bewusst eine völlig unerwartete Antwort, die unsinnig ist. Der Antwortende stellt sich blöd und tut so, als ob er denkt, dass „Junggeselle" ein Sternzeichen sei.

Du hast ganz schön Augenringe.
→ **Da hält wenigstens die Brille besser.**

Auch hier wurde auf einen Angriff Unfug geantwortet. Es kam die Technik *Absurder Nutzen* zur Anwendung. Beim Angriff „Du hast ganz schön Augenringe" wird untersucht, welcher absurde Vorteil sich aus dem Angriff ergibt, damit kann gekontert werden.

Guten Tag, ich heiße Christina Nacht.
→ **Ah, Nacht, wie das Gegenteil von „heiß"! Das kann ich mir merken!**

Diese Antwort ist entstanden, indem wir bewusst nach einer anderen Lösung als der offensichtlichen gesucht haben. Wir wissen, was jedermann an dieser Stelle sagen würde: „Nacht ist das Gegenteil von Tag" – das ist das Erwartete, das ist nicht sehr orginell. Aber wir suchen bewusst nach der falschen Lösung. „Ah, Nacht, wie das Gegenteil von „heiß"! Das kann ich mir merken!" Auf diese Art kommt Blödsinn heraus.

Auf dem Kuchen ist ja schon Schimmel.
→ **Wäre Ihnen ein Hengst lieber?**

Mit der Technik *Absichtlich missverstehen* untersuchen wir, wo wir in einer Bemerkung ein Wort falsch verstehen könnten. Wir erkennen im Vorwurf, dass das Wort Schimmel eine zweite Bedeutung haben kann. Wir tun so, als ob wir wieder zu doof wären, das zu verstehen, und geben eine Antwort, aus der man erkennt, dass die Aussage offensichtlich falsch verstanden wurde.

Sie haben doch keine Ahnung.
→ **Wie man in den Wald hineinruft, fällt der Apfel vom Baum.**

Mit einem offensichtlichen Nonsens-Sprichwort wird auf einen beliebigen Vorwurf der Angreifer verwirrt. Wir kombinieren zwei Sprichwörter, die zusammen Unsinn ergeben. Was der Angreifer dabei sagt, ist vollkommen egal. Die Antwort signalisiert wieder mal, dass man der Doofe ist, der alles verwechselt.

Der Baustein Nr. 7: Schlecht aussehen lassen

Die Assistentin eines Geschäftsleitungsmitglieds einer Schweizer Bank, die mit ihrem Chef ein herzliches, offenes Verhältnis pflegt, teilt ihrem Chef das geforderte Trainerhonorar eines Referenten mit. Sie: „Er verlangt 11.000,– Franken pro Tag." Der Chef erschrickt: „Meinst du es wäre nicht auch für 8.000,– möglich?" Darauf sie: „Wenn ich ihm sage, dass wir nur 8.000,– Franken bezahlen, bringt er mich um." Darauf der Chef: „O.k., sag ihm, wir zahlen 6.000,–!"

Dieses Beispiel, das sich genau so zugetragen hat, beinhaltet einen Basisbaustein der Schlagfertigkeit. Schlagfertigkeit beinhaltet die Fähigkeit, den anderen schlecht aussehen lassen zu können. Diese Art des Reagierens ist als *Frotzeln* bekannt. Die Honorardiskussion hat der Chef als Anlass genommen, um durch die Blume auszudrücken, dass er es am liebsten hätte, wenn die Assistentin umgebracht würde.

Frauen ab 30 bauen ab.
→ **Kein Wunder bei den Männern.**

Die Technik *Versteckter Gegenangriff* lebt ausschließlich davon, den anderen schlecht aussehen lassen zu können. Hier wird Gleiches mit Gleichem vergolten, aber elegant durch die Blume ausgedrückt. Auf den Angriff: „Frauen ab 30 bauen ab" wird überlegt, wie man dem anderen dezent auch einen Tritt ans Schienbein geben könnte. Die Antwort „Kein Wunder bei den Männern" lässt den Angreifer wie einen begossenen Pudel aussehen.

→ **Was ist das für ein Gefühl, wenn man keine Freunde hat?**

Mit der Technik *Unterstellungsfrage* wird ebenfalls ein schlechtes Licht auf den anderen geworfen. Man möchte vermitteln, dass der andere keine Freunde hat. Man fragt aber nicht „Hast du Freunde?", sondern man setzt stillschweigend voraus, dass der andere keine hat, und fragt ein Detail nach. „Was ist das für ein Gefühl, wenn man keine Freunde hat?" Damit ist er in der Opferrolle.

Der Baustein Nr. 8: Vorteil/Nutzen

Herr Kaiser sitzt an seinem Stammtisch. Er ist von Beruf Versicherungsagent. Am Nachbartisch sitzen einige Jugendliche in angetrunkenem Zustand. Plötzlich ruft einer halblaut in Richtung des Stammtischs: „Versicherungsvertreter sind doch alles Geldraffer." Herr Kaiser dreht sich besonnen um, blickt dem Angreifer fest in die Augen und sagt: „Mein Junge, wenn Geldraffer bedeutet, dass ich hartnäckig den Wohlstand und das Vermögen für meine Kunden vermehre, ja, dann bin ich ein Geldraffer." Sprach's und drehte sich wieder zu seinen Leuten.

Ein Basisbaustein der Schlagfertigkeit besteht darin, aus jedem Vorwurf das Positive herauszuinterpretieren. Alles im Leben hat ja seine zwei Seiten und so hat auch der Vorwurf immer etwas Nützliches und Vorteilhaftes. Und dieser Vorteil wird in der Antwort zurückgegeben.

Auf den Vorwurf wird bei der Technik *Das Positive uminterpretieren* gefragt: Was hat ein „Geldraffer" auf der anderen Seite für Vorteile oder welchen Nutzen kann das beinhalten? So kommt man auf die Antwort, dass er das Vermögen seiner Kunden vermehrt.

Sie werden ja immer rot.

→ **Ich hab so viel Energie, ich weiß nicht mehr wohin damit.**

Auch bei der Technik *Den King Louis spielen* wird aus dem Angriff das Positive herausinterpretiert. Diesmal aber mit einem übersteigerten, zur Schau getragenen Großprotz-Selbstbewusstsein. Auf den Vorwurf gibt der Verteidiger seine Antwort in der Geisteshaltung des Schönsten, Intelligentesten und Besten.

Man hört nur Beschwerden über Sie.
→ **Über mich wird wenigstens geredet.**

Die Technik *Der absurde Vorteil* ist der vorhergehenden Technik *Das Positive uminterpretieren* sehr ähnlich. Nur wird hier nicht der *sachliche* Vorteil gesucht, sondern der *absurde* Vorteil. Bei einem Vorwurf wird hinterfragt, welchen abwegigen, absurden Nutzen das haben könnte. In der Antwort wird dann ein witziger Nutzen konstruiert.

Der Glaube an die Regel

Trainer zu sein, ist schon ein interessanter Beruf. Es ist immer wieder erstaunlich zu beobachten, wie in meinem Seminar einmal einzelne Thesen, Techniken und Regeln einmütig angenommen werden und dann bei anderen Gruppen dieselben Regeln plötzlich Widerstand erregen.

Jede Mensch sagt, die Arbeit soll Spaß machen. Darüber herrscht allgemeine Einigkeit. Aber gehen Sie mal in die Firmen und schauen Sie die Gesichter an, wie es aussieht, wenn Arbeit Spaß macht. Da sehen Sie kaum jemanden lächeln. Da wird im Normalfall bierernst und verbissen malocht. Ins Business mehr Humor zu bringen, dafür kämpfe ich.

Sie haben zu lange Lieferzeiten.

→ **Stimmt, beim letzten Mal hat's der Lehrling bestellt und als wir geliefert haben, war der Mann schon in Pension.**

Jetzt gibt es Teilnehmer, die sagen bei so einem Beispiel: „So können Sie dem Kunden doch nicht gegenübertreten. Der wird Ihnen sofort den Auftrag entziehen, wenn Sie so ‚Witzchen' machen."

Sie kommen jeden Morgen eine Viertelstunde zu spät!

→ **Stimmt, stimmt absolut. Schönen Tag noch!**

Es gibt jetzt Teilnehmer, die sagen: „Um Himmels willen, mit so einer Antwort, da kann er sich gleich die Papiere abholen."

Und das Schöne ist: Die Leute, die das sagen, haben sogar Recht. Wenn diese Teilnehmer diese Antwort geben würden, würde es ihnen genau so passieren. Weil sie daran glauben, dass es so sein wird. Andere *glauben* etwas anderes, und denen *passiert* etwas anderes. Das ist das Spannende. Es ist niemals die Regel, die richtig oder falsch ist, sondern es ist immer nur der *Glaube* an die Regel, der die Regel richtig oder falsch macht. Was wir mit der Schlagfertigkeit lernen, ist eigentlich Selbstbewusstsein und Selbstwertgefühl. Es gibt selbstbewusste Menschen da draußen, die *tun* so etwas und der Chef akzeptiert es. Es gibt lockere Menschen da draußen, die geben dem Kunden eine witzige Antwort und der Kunde lacht herzhaft darüber. Es gibt immer Menschen, die tun genau das mit Erfolg, wovon andere sagen, dass es unmöglich sei. – Immer!

Alle Regeln, die menschliches Verhalten betreffen, sind falsch – oder richtig, je nachdem, welcher Überzeugung Sie sind.

Wenn Sie überzeugt sind, dass der Mensch viel Schlaf braucht, so werden Sie es so erleben. Wenn Sie überzeugt sind, dass der Mensch wenig Schlaf braucht, dann werden Sie das so erleben. Nicht die Regel „Viel Schlaf braucht der Mensch" ist richtig, und die umgekehrte Regel falsch, sondern nur der feste Glaube daran macht diese Regel richtig – oder aber auch falsch.

Wenn Sie überzeugt sind, dass schlagfertige Humortechniken im Geschäftsleben nicht funktionieren, dann werden Sie es so erleben. Wenn Sie überzeugt sind, dass die Benutzung von Standardantworten wie auswendig gelernt klingt, dann werden Sie es so erleben. Andere sind von etwas anderem überzeugt, die erleben etwas anderes.

Sind Business-Kleider für das Weiterkommen im Geschäftsleben wichtig? Ja, wenn Sie wie Rolf Ruhleder und Alex Rusch daran glauben. Nein, wenn Sie wie Bill Gates und Vera F. Birkenbihl nicht daran glauben. Weder die Regel „Business-Outfit ist notwendig für den Erfolg“ noch deren Gegenteil ist richtig. Es ist der Glaube an die eine oder andere Regel, der diese Regel dann richtig oder falsch macht.

Ich lernte einen Unternehmer aus Norddeutschland kennen, der eine Firma aufgebaut hatte, die inzwischen 400 Mitarbeiter beschäftigt. Er erzählte mir das Geheimnis seines Erfolges. Als junger Mann hatte er bereits die Vision, in einem Penthouse-Büro im obersten Stock eines Hochhauses zu sitzen, das ihm gehörte. „Wichtig, damit eine Vision wahr wird“, so erzählte er mir, „ist, dass man sie für sich behält und niemandem davon erzählt. Denn wenn man sie erzählt, macht man sich angreifbar.“ Nun, der Erfolg hatte ihm ja Recht gegeben. Die gängige Ratgeberliteratur gibt Ihnen allerdings folgende Regel mit: „Erzählen Sie Ihre Vision möglichst vielen Menschen, damit stehen Sie im Wort und dann wird sie wahr.“ Tja, was ist jetzt richtig? Beides! Es kommt drauf an, an was Sie glauben.

Und so ist es auch mit den Regeln zur Schlagfertigkeit. Probieren Sie sie mindestens einmal aus, damit Sie Ihrer Überzeugung eine Chance geben zu entscheiden.

Wie's weitergehen soll

Erst kürzlich traf ich wieder einen Buchleser, der mir begeistert erzählte, wie unheimlich er von meinen Techniken profitiert habe. Ich frage in so einem Fall regelmäßig, was ihm besonders gefallen hat und wie er's angestellt hat. Und das Erstaunliche ist: Sehr, sehr viele Menschen, die wirkliche Fortschritte gemacht haben, haben eine Gemeinsamkeit. Genau wie dieser Herr haben sie sich das Wichtigste für sich separat herausgeschrieben in einen Notizblock, auf Karteikarten, oder worauf auch immer. Vor Sitzungen, Verhandlungen, Meetings und Kundenpräsentationen lesen sie es noch einmal kurz durch. Das sind nämlich genau die Situationen, in denen man vorausahnen kann, dass der Einsatz der Schlagfertigkeits-Techniken nötig sein wird. Und prompt kommen solche Situationen und man pariert geistreich.

Jetzt haben Sie gleich mehrere Fliegen mit einer Klappe geschlagen. Sie haben ein Live-Training, das für die Verinnerlichung der Techniken von unschlagbarem Wert ist. Sie bekommen Freude an der Schlagfertigkeit und Lust auf mehr. Sie wagen immer mehr und bekommen Mut, sich immer weiter herauszuwagen. Und schließlich das Wertvollste: Es wächst eine Identität als schlagfertiger Mensch. Mit so einer Identität sind Sie auch gewappnet gegen unvorhergesehene Angriffs-Situationen.

Und diese Identität ist es, von der ich möchte, dass Sie sie bekommen.

Mein Tipp:
Schreiben Sie sich das für Sie Wichtigste aus diesem Buch auf Karteikarten oder in ein Notizbuch. Lesen Sie es regelmäßig vor Sitzungen, Verkaufsverhandlungen oder jeglichen schwierigen Gesprächssituationen durch. So werden Sie zum Großmeister der Schlagfertigkeit.

Schlussbemerkung

Die Techniken, die Sie kennen gelernt haben, sind durch einfaches Lesen ohne Üben noch nicht verinnerlicht und damit nicht präsent, wenn Sie wieder mal nach einer Antwort suchen. Training ist unbedingt notwendig. Ich empfehle Ihnen zusätzlich den Besuch eines Schlagfertigkeitsseminars, in dem die Dinge nicht nur intellektuell verstanden, sondern vor allem auch eintrainiert werden. Wenn Sie Informationen über Orte, Termine und Kosten des Seminars „Schlagfertig & erfolgreicher" haben möchten, schreiben Sie bitte an die untenstehende Adresse oder klicken Sie in unsere Homepage unter *www.poehm.com* an. Die Seminare werden regelmäßig in Deutschland, Österreich und der Schweiz durchgeführt.

Geeignete Personen können eine „Schlagfertig & erfolgreicher"-Lizenz zum eigenständigen Leiten von Schlagfertigkeitsseminaren erwerben. Die Lizenz wird nur bei persönlicher Eignung vergeben. Sie werden dann von Matthias Pöhm ausgebildet und mit dem nötigen Know-how versorgt. Bewerbungen richten Sie bitte an unten angegebene Adresse.

Pöhm Seminarfactory
Matthias Pöhm
Alte Stationsstr. 6
CH-8906 Bonstetten/Zürich
Mail: poehm@poehm.com
Homepage: www.poehm.com

Anmerkungen

(1) Bericht vom Grünen-Parteitag, ntv am 10.05.2002.
(2) Tagesanzeiger Magazin, 18.05.2002.
(3) Harald-Schmidt-Show, 26.04.2002.
(4) ARD Sportschau, 22.06.2002.

Literaturverzeichnis

Armour, Katharina, Ernestus, Carolin: *Mach sie sprachlos. Schlagfertigkeit für Frauen.* Marion von Schröder Verlag 2001

Berckhan, Barbara: *Die etwas gelassenere Art, sich durchzusetzen. Ein Selbstbehauptungstraining für Frauen.* 12. Aufl., Kösel-Verlag 1997

Berckhan, Barbara: *Die etwas intelligentere Art, sich gegen dumme Sprüche zu wehren. Selbstverteidigung mit Worten.* Ein Trainingsprogramm. Kösel-Verlag 1998

Bredemeier, Karsten: *Provokative Rhetorik? Schlagfertigkeit!* 3. Aufl., Orell Füssli 1997

Bredemeier, Karsten: *Nie wieder sprachlos.* 1. Aufl., Orell Füssli 1999

Cicero, Antonia, Kuderna, Julia: *Clevere Antworten auf dumme Sprüche. Killerphrasen kunstvoll kontern.* Junfermann Verlag 2001

Dahms, Christoph, Dahms, Matthias: *Die Magie der Schlagfertigkeit. Spontan mit Sprache spielen. Eine Zauberfibel mit Lernprogramm.* 2. Aufl., Dahms 1997

Dahms, Matthias, Dahms, Christoph: *Schlagfertig sein in Rede und Verhandlung. Sicher und selbstbewusst mit Sprache umgehen. Blackout, Lampenfieber, Störer und mehr.* Dahms 1996

Haen, Renate: *Zicken geben Kontra. Der weibliche Weg zu Schlagfertigkeit und Durchsetzungsvermögen.* Ullstein Verlag 2001

Kohlmann-Scheerer, Dagmar: *Kontern, aber wie? Gekonnt kontern, frech parieren, den anderen niederschweigen.* Gabal Verlag 2001

Latour, Bernd: *Um keine Antwort verlegen. Wie man Wortgefechte gewinnt.* Kreuz Verlag 2000

Lay, Rupert: *Dialektik für Manager. Methoden des erfolgreichen Angriffs und Abwehr.* Verlag Langen-Müller 2000

Neumann, Reiner: *Schlagfertig reagieren im Job. Sicher auftreten, gekonnt argumentieren, sich erfolgreich zur Wehr setzen.* verlag moderne industrie 2001

Müller, Meike: *Schlagfertig! Verbale Angriffe gekonnt abwehren.* Falken Verlag 2001

Nöllke, Matthias: *Schlagfertigkeit.* Haufe Verlagsgruppe 2002

Pack, Bodo: *Schlag zurück! Das Trainingsbuch zur Schlagfertigkeit.* Books on Demand GmbH 2001

Pöhm, Matthias: *Nicht auf den Mund gefallen. So werden Sie schlagfertig und erfolgreicher.* 10. Auflage. mvg-Verlag 2000

Pöhm, Matthias: *Frauen kontern besser. So werden Sie richtig schlagfertig.* Midena Verlag 2000

Pöhm, Matthias: *Vergessen Sie alles über Rhetorik. Mitreißend reden. Ein sprachliches Feuerwerk in Bildern.* 2. Auflage, mvgVerlag 2000

Pöhm, Matthias: *Endlich schlagfertig. Das Intensivseminar. So lernen Sie schnell, geistreich und frech zu antworten.* Kassettenseminar, 6 Kassetten. Addbrain Verlag

Ryborz, Heinz: *Geschickt kontern: Nie mehr sprachlos! Schlagfertigkeit trainieren und angemessen einsetzen.* Walhalla Verlag 2001

Weller, Maximilian: *Die schlagfertige Antwort.* 3. Auflage, Gustav Lübbe Verlag 1978

Zittlau, Dieter: *Schlagfertig kontern in jeder Situation.* Südwest Verlag 1998

Stichwortverzeichnis

A
Ablenken 87
Abschlusssatz 150f.
Absurd 132, 173, 175, 194, 240
Alltagswelt 11, 36, 142–146, 193
Anfangssatz 104
Angeberei 124
Angreifer 20, 28, 44ff., 55, 58, 60, 63, 71f., 75, 79, 84, 89, 120, 170, 194, 203, 239
Angriff 28, 31, 43, 45, 48, 65, 72, 89, 102f., 110, 128, 183, 194, 199, 203, 208, 239
–, versteckter 245
Antwortreflex 56, 79
Argument 91, 140-147, 154
Ausdrücken, indirekt 129
Außenwirkung 69, 104, 147, 224

B
Baby-Krabbeln 157
Baehr, Yrsa Bettina 78
Basis-
-baustein 106
-fertigkeit 235
-repertoire 234
Beleidigung 25, 45
Beobachten 60
Berckhan, Barbara 169
Bibel 151
Bild 37, 105f., 139, 142–145
–, absurdes 35, 128
Bin Laden, Osama 200
Birkenbihl, Vera F. 253
Blick(-) 21, 46, 205
-kontakt 103
Blume, durch die 43, 45, 115ff., 121, 235, 248
Braun, Werther von 105, 219
Bredemeier, Karsten 13, 183
Buchstabenabkürzung 180f.
Business 165, 193, 251

C
Campino 24
Clinton, Bill 29

D
Dahms, Christoph und Matthias 13
Dall, Carl 23f.
Daum, Christoph 70f.
Defensive 44, 100, 120
Delling, Gerd 198

Dialog 80, 149f., 170
Diskussion(s-) 11, 17, 21, 78, 102, 107, 140, 154
-fertigkeit 16f., 20, 22f., 33, 140, 165

E
Edison 219, 225
Ehrenwort 227
Einleitungssatz 104, 222
Einstellung 40f., 69, 223
Einstiegs-Formulierung 88
Einwand 140, 145, 152, 155
Entscheidung 66f.
Erfolg 231, 253
Erwiderung(s-) 28, 37, 55, 104, 113-116, 127ff., 134, 138, 141, 146, 154, 184, 199, 211
-fertigkeit 16, 20, 22f., 33, 165, 193

F
Fernsehen 107, 174, 200, 220, 227
Feststellungsfrage 49f., 60–67, 76, 100f., 109, 120, 138, 168, 202, 207, 210
Flachsen 112
Flirten 11
Frage 25, 55, 148ff.
–, kompromittierende 70
–, sachliche 138
Frage-Antwort-Spiel 149f., 151f.
Franz-Felix-Feststellungsfrage 57
Frechheit 18, 165, 194
Frotzeln 23, 112, 121–124, 171, 174, 237, 248
Fußballweltmeister 159

G
Gag 23
Gameshow 174
Gates, Bill 186, 252
Gedankenhygiene 206
Gefühl(s-) 203ff., 223
–, negatives 58
-lage 204f., 224
Gegen-
-angriff 111-115, 122, 184
---, versteckter 113, 120f., 238, 248
-behauptung 109
-frage 79
-mittel 162
-teil 51f., 91ff., 102ff., 176, 181, 191, 242f.
Gehirn 145, 162
Geisteshaltung 22, 41
Gentleman 166, 168, 244
Glaube 251f.
Gleichnis 141, 151, 152
Gottschalk, Thomas 17, 23, 29, 51
Grammatik 30f., 220
Grund-
-haltung 11, 69, 74, 187

-problematik 141ff., 144ff., 155ff.

H
Hartwig, Jimmy 127
Hintergedanke 45, 203
Holzfäller 156
Humor 76, 94, 127, 165, 178, 199f., 251f.

I
Identität 22ff., 254
Informationsfrage 210
Innenwirkung 224
Interpretation 63, 244
Interview 11, 80, 107, 116, 140, 187, 211, 227
Ironie 51f.

J
Journalist 70, 80, 103, 220, 227

K
Kampf, verdeckter 44
Kampfsport 48
Killerphrase 214
King Louis 40ff., 249
Klose, Miroslav 241
Koch, Roland 23
Kohl, Helmut 35, 227
Konter(n) 26, 65f., 66, 139, 208
– in Bildern 37
Kontrollfrage 44
Körper(-) 21f., 117f.
-sprache 24, 170, 205f.
Kreativität 217

L
Logik 142, 147, 162
Lösung(s-) 82, 85, 96, 194, 218–225, 238f., 243
–, falsche 95, 178–181, 245
-modus 225f.

M
Medienkonferenz 70
Meeting 17, 102, 140, 254
Mehdorn, Helmut 139
Mentaltraining 296
Messmer, Reinhold 136
Missverstehen, absichtliches 197ff., 202
Moderator 11, 116, 175, 211
Moralvorstellung 72
Mozart, Wolfgang Amadeus 158

N
Nachsatz 227f.
Name 20, 103
Negativ-Aussage 213ff., 218ff., 239
– in uns selbst 217
Netzer, Günther 198
Nöllke, Matthias 28
Nonsens 94, 174, 181, 193, 245
Nonsens-Sprichwort 171, 247

Nutzen 186, 189, 245, 248
–, absurder 193, 246
–, sachlicher 193

O
Öffentlichkeit 11, 107
Offensichtliches 51f., 176, 181, 242
Opfer 19, 58, 112, 121, 183, 197, 248

P
Palmer, Lilli 73
Passant 76, 115, 180
Podiumsdiskussion 107, 139
Positiv-Frage 213ff., 217ff., 239
Präsentation 150, 254
Problem-Wälz-Modus 225
Publikum 149f.
Punkt, wunder 205, 208-212

R
Raab, Stefan 127
Radio 11, 116, 211
Rechtfertigung 74f., 109
Rede 11, 20, 140
Redewendung 154
Regel 30, 251f.
Reich-Ranicki 107
Replik 20, 26, 80, 112, 116, 126, 134, 187, 211
Reporter 48, 80, 180
Retourkutsche 114
Rhetorik 14
Richtigstellung 109
Rückfrage 33, 78–85, 91–98, 100f., 207, 221, 239, 243
Ruhleder, Rolf 252
Rusch, Alex 252

S
Sachargument 143, 148–153
Satz-
-anfang 30, 82, 104
-konstruktion 163
Schachmatt-Technik 26ff.
Schachspielen 28
Schadenfreude 114
Schily, Otto 23
Schlagfertigkeit, innere 203, 230
Schmidt, Harald 17, 23, 29, 35, 178, 234f., 238, 241
Schneider, Helge 17, 235f.
Schröder, Gerhard 29, 40, 103
Schwarzkopf, Norman 231
Schweigen 91
Seele 206, 208
Selbst-
-bewusstsein 19f., 74, 106, 113, 205, 249, 252
-wertgefühl 40, 104
Sitzung 102, 140, 154, 254
Souveränität 20, 22
Spaßinterview 11, 55
Sprichwort 153f., 170f.

-, verwirrendes 169
Steinmetz 158
Stichelei 43f.
Stimme 22
Swissair 147

T
Telefongespräch 130
Themenwechsel 88, 138
Training 32, 101, 254
Trick, psychologischer 46
Triggersatz 30f.
TV-Casting 174

U
Übersteigerung, negative 46
Übertreiben 35, 129, 132, 136, 175, 240, 242
–, maßlos 36, 126ff., 138
Überzeugung 65, 140, 148, 152, 253
Umformulieren 166, 168
Uminterpretation 166, 186, 188ff., 191, 242, 244f., 249
Unsicherheit 205ff.
Unterbewusstsein 22, 105f., 139f., 152
Unterstellung(s-) 55, 63, 78
-frage 48ff., 60f., 109, 248

V
Veräppelung 130, 173f., 242
Verbalattacke 16, 25, 31f., 37, 45
Vergleich 132, 139, 142
–, bildhafter 35ff., 141–155, 160
–, deftiger 35 – 38, 241
–, schlimmerer 134
Verhandlung 17, 140, 154, 254
Verlierer 80
Verteidigung 46, 48, 60, 79, 119
Verwechseln 136
Vision 105, 253
Vorteil 186, 189, 248
-, absurder 193ff., 249
Vorwurf 25, 56ff., 63, 71–78, 83f., 92–98, 102ff., 116, 127, 132ff., 141ff., 186f., 221, 242ff.
–, unadressierter 183

W
Wegweiser 155
Weichmacher 104f.
Weller, Maximilian 13
Werteordnung 72
Widerstand 67, 251
Wirkung 26, 100, 104, 106, 109, 138f., 143, 149ff., 153
Witz(-) 127, 235, 237
-fertigkeit 16, 20, 22, 33, 35, 165, 193, 240
-muster 51
Wortspiel 189

Wowereit, Klaus 74
Wunschdenken 25
www.poehm.com 32, 124, 160, 174, 212, 255

Z

Ziel 231
-, höheres 98, 227, 230ff.
Zukunft 220–226, 240
Zurückweisen 61, 107
–, kategorisches 61, 102, 104, 106, 109
Zustimmung
–, übertriebene 37, 127f., 134, 175, 237, 241
–, volle 70–76, 209
Zwischenfrage 187, 229
Zwischenruf 140, 150